Curso de entrenador de fútbol

Manuel Fidalgo Vega

CURSO DE ENTRENADOR
DE FÚTBOL

A pesar de haber puesto el máximo cuidado en la redacción de esta obra, el autor o el editor no pueden en modo alguno responsabilizarse por las informaciones (fórmulas, recetas, técnicas, etc.) vertidas en el texto. Se aconseja, en el caso de problemas específicos —a menudo únicos— de cada lector en particular, que se consulte con una persona cualificada para obtener las informaciones más completas, más exactas y lo más actualizadas posible. EDITORIAL DE VECCHI, S. A. U.

© Editorial De Vecchi, S. A. 2018
© [2018] Confidential Concepts International Ltd., Ireland
Subsidiary company of Confidential Concepts Inc, USA
ISBN: 978-1-68325-782-0

El Código Penal vigente dispone: «Será castigado con la pena de prisión de seis meses a dos años o de multa de seis a veinticuatro meses quien, con ánimo de lucro y en perjuicio de tercero, reproduzca, plagie, distribuya o comunique públicamente, en todo o en parte, una obra literaria, artística o científica, o su transformación, interpretación o ejecución artística fijada en cualquier tipo de soporte o comunicada a través de cualquier medio, sin la autorización de los titulares de los correspondientes derechos de propiedad intelectual o de sus cesionarios. La misma pena se impondrá a quien intencionadamente importe, exporte o almacene ejemplares de dichas obras o producciones o ejecuciones sin la referida autorización». (Artículo 270)

*A mi raíz profunda, mi padre Lenis,
para quien las palabras fueron siempre hechos*

ÍNDICE

Prólogo	15
Introducción	17
Nociones generales	19
Qué debe conocer un entrenador de fútbol base	19
Las orientaciones y los fundamentos del juego	19
Cuando el portero está en posesión del balón	20
Cuando la defensa posee el balón	20
Cuando los centrocampistas poseen el balón	20
Cuando tienen el balón los delanteros	21
El equipamiento	22
Indumentaria	22
El equipo del jugador	22
El equipo del entrenador	25
Material	25
Material grande	25
Material pequeño	26
El terreno de juego	30
El terreno de juego: aspectos reglamentarios	30
Factores externos que influyen en el desarrollo del juego	32
Características del terreno de juego	32
Las condiciones atmosféricas	34
El entrenador	35
Funciones y cometidos	35
Formación del equipo	36
Evaluación de la temporada	36
Determinar los objetivos de la próxima temporada	38
Cubrir las posiciones tácticas	38
Evitar conflictos	38

CURSO DE ENTRENADOR DE FÚTBOL

Búsqueda de talentos	38
Dirección del partido	38
Planificación y entrenamiento	40
Planificación de la temporada	41
La sesión de entrenamiento	43
La dirección y comunicación del entrenador con los jugadores	46
La dirección de los jugadores	46
La comunicación entre el entrenador y los jugadores	46
La preparación psicológica	47
La enseñanza del fútbol en diversas edades	48
La preparación de un equipo alevín	49
La preparación de un equipo infantil	49
La preparación de un equipo juvenil	50
La preparación física	51
Principios de entrenamiento	52
Acondicionamiento físico general	52
El calentamiento	53
Formas de trabajo para el acondicionamiento general	56
Las capacidades físicas básicas	59
El trabajo de las capacidades físicas en el fútbol	61
La fuerza	61
La velocidad	68
La resistencia	74
La flexibilidad	78
La técnica individual: el trabajo de los recursos técnicos	84
Principios elementales	84
Recursos técnicos	84
El control	84
Habilidad y destreza	89
La conducción	92
El golpeo con el pie	96
El golpeo con la cabeza	99
El regate	104
El tiro	106
La técnica del portero	109
La técnica individual	109
La técnica colectiva	113
La técnica colectiva	117
Acciones con posesión del balón	117
El pase	117
La finta	118

ÍNDICE

  El relevo. 118
  Las acciones combinadas. 120
 Acciones de técnica defensiva, sin posesión del balón 120
  El despeje. 120
  La entrada. 121
  La interceptación 124

LA ESTRATEGIA 126
Acciones estratégicas. 126
  Saque inicial 126
  Saque de meta 126
  Saque de esquina 127
  Saque libre indirecto 129
  Saque libre directo 130
  Penalti 131
  Saque de banda 132
  Saque neutral o balón a tierra 133

LAS TÁCTICAS DE JUEGO 135
Principios tácticos ofensivos 135
  Desmarques 135
  Ataques 137
  Contraataques 137
  Desdoblamientos 138
  Espacios libres 138
  Apoyos. 139
  Ayudas permanentes 139
  Paredes 139
  Temporizaciones. 140
  Carga. 140
  Conservación del balón o control del juego. 141
  Cambios de orientación 141
  Velocidad en el juego 141
  Progresión en el juego 142
  Vigilancia 142
Principios tácticos defensivos 143
  Marcajes. 144
  Repliegues. 148
  Coberturas 148
  Permutas 149
  Desdoblamientos 149
  Ayudas permanentes 149
  Vigilancias. 149
  Temporizaciones. 149
  Entradas. 149

CURSO DE ENTRENADOR DE FÚTBOL

Cargas	150
Anticipaciones	150
Acciones combinadas	152
Cómo combatir y neutralizar las acciones del adversario	152
Sistemas de juego	153
Factores que deben tenerse en cuenta a la hora de preparar una táctica	154
Sistemas actuales de juego	154
Estilos de juego	158
Entrenamiento de un equipo: fundamentos de juego	158
FICHAS DE CONTROL	161
Las estadísticas del partido	161
Diseño y formato de los estadillos	166
LA DIETA DEPORTIVA	168
Reglas básicas para una dieta saludable	168
La necesidad de reservas energéticas	169
Comer menos pero más a menudo	169
La alimentación rica en hidratos de carbono	169
La importancia de las vitaminas	170
El aporte de minerales	170
Regulación de la hidratación	170
LESIONES FRECUENTES	172
Lesiones musculares	172
Agujetas	173
Calambres	173
Contracturas	173
Contusiones	173
Distensiones	174
Roturas parciales y desgarros	174
Accidentes en la articulación	174
ASPECTOS RELEVANTES DE LAS REGLAS DE JUEGO	175
Sustituciones	175
Funciones del árbitro	175
Funciones del árbitro asistente	177
Duración del partido	179
Saque de salida	179
Balón en juego y fuera de juego	179
Tanto marcado	179
Fuera de juego	179
Faltas e incorrecciones	180
Penalti	181
Saque de banda	182

ÍNDICE

Saque de meta 182
Saque de esquina. 182
El área técnica 183
El cuarto árbitro 183
Otras normas que deben tenerse en cuenta 183
    Los *tackle* 183
    Infracciones al guardameta 183
    Obstrucción 183
    Tijera o bicicleta 184
    Saltar sobre un contrario 184
    Utilización del cuerpo. 184
    Tiros libres 184
    Jugadores lesionados 184
    Actitud hacia los árbitros 184
    Saque de banda 184
    Pérdida de tiempo. 184
    Celebración de un gol. 185
    Ingestión de líquidos 185
    Equipamiento de los jugadores 185

PRÓLOGO

La tarea de entrenar a un equipo de fútbol no es sencilla. Este trabajo se debe realizar con criterios técnicos y con una sólida base de conocimientos. Sólo de esta forma se podrá instruir correctamente a los deportistas, algunas veces entrenados por personas que carecen de los necesarios conocimientos técnicos.

El libro que Manuel Fidalgo ha escrito de forma tan completa, da al lector una visión amplia acerca de los conocimientos que un entrenador necesita para realizar su labor. Los contenidos abarcan todos aquellos aspectos relevantes para enseñar a un joven la buena práctica de este deporte, desde los aspectos técnicos a los tácticos. Asimismo, es preciso resaltar la orientación que se obtiene de este trabajo en cuanto al manejo del equipo y del entorno organizativo que rodea el fútbol base, siempre difícil de controlar para el entrenador.

Se dirige principalmente a aquellas personas que, sin tener estudios reglados de entrenador, realizan labores de instructores de equipos de fútbol base. Es igualmente útil para las personas que no posean conocimientos técnicos y pretendan adentrarse en el difícil mundo de la enseñanza y la práctica del fútbol.

También aquellos jóvenes que deseen aprender y que, por su potencial, tengan expectativas de dedicarse a este deporte, encontrarán en este trabajo un instrumento valioso para sentar las bases de su progreso como futbolistas.

Hay que destacar que se trata de un texto que conjuga perfectamente la necesaria teoría con la práctica, ilustrada con multitud de imágenes y ejemplos. Asimismo, destaca el orden y rigor con el que el autor sintetiza y expone los capítulos dedicados a los aspectos más técnicos y complejos del fútbol.

Para quienes nos gusta este deporte, es una buena noticia contar con un nuevo trabajo que ayudará a que los jóvenes futbolistas estén mejor y más correctamente instruidos en el difícil y competitivo mundo del fútbol.

CARLES REXACH SERDÁ

INTRODUCCIÓN

El objetivo fundamental que ha guiado en todo momento la redacción de este libro es el de ofrecer al lector una visión clara y completa de todo aquello que un entrenador debe conocer para acometer con éxito la difícil tarea de entrenar un equipo de fútbol.

Los fundamentos que aquí se ofrecen, junto con la práctica, capacitarán al lector para llevar a cabo entrenamientos útiles y eficaces.

Esta obra está dirigida, por un lado, a aquellas personas que, sin estar tituladas, realizan labores como preparadores de un equipo, pero también a todos los profesionales que desean ampliar sus conocimientos para conseguir mejores resultados.

De esta manera, tanto aficionados como entrenadores y jugadores encontrarán en sus páginas informaciones útiles que tratan distintos aspectos importantes, desde los más generales hasta los más técnicos. A lo largo de estas páginas se desarrolla de forma sistemática el trabajo del entrenador, sus funciones y cometidos, la enseñanza del fútbol a diversas edades, la planificación y el entrenamiento, la dirección de los jugadores, etc. La preparación física ocupa también un lugar importante, exponiéndose cómo se han de trabajar las capacidades físicas básicas en el fútbol.

Los capítulos más extensos son los referidos a los aspectos técnicos, destacando el trabajo con la técnica individual, indispensable para asentar las bases de un futuro futbolista. Igualmente, se presentan los elementos que sustentan la técnica colectiva y las acciones de estrategia.

En el terreno del trabajo táctico, se desarrollan los principios fundamentales y se presentan aquellos sistemas de juego actuales, así como los fundamentos del juego. Sin embargo, este libro no debe seguirse a rajatabla, sino que cada entrenador debe dirigir la táctica de manera que desarrolle sus propios elementos creativos, a la hora de preparar la disposición y movimientos de sus jugadores en el campo.

Asimismo, se ha creído conveniente dedicar unos capítulos a las fichas de control, las lesiones más frecuentes y los aspectos menos conocidos de las reglas del juego.

Los aspectos teóricos y los ejercicios se describen de forma clara y sencilla, evitando la excesiva jerga académica. Además, se acompañan de fotografías, ilustraciones y esquemas para una mejor comprensión.

Aunque no existe un consejo mágico que permita realizar un entrenamiento ideal, sí se presenta cuanto un entrenador debe enseñar, con esquemas de planificación y ejecución de los entrenamientos, directrices concretas y una serie de etapas que se han de seguir, adaptándose a la situación del equipo, del jugador y del estilo personal del entrenador.

Con todo esto, sólo queda desear que el lector disfrute con esta obra y saque el máximo provecho e ideas útiles, tanto para ejercer como entrenador de un equipo como para pulir la labor de los jugadores.

Tengo que agradecer muy especialmente a Carles Rexach, excelente jugador y entrenador, la atención que me ha prestado cuando yo preparaba este libro. Asimismo, tampoco puedo olvidar la inestimable ayuda de los jugadores que han posado para fotografías que ilustran el libro. A todos ellos, muchas gracias.

NOCIONES GENERALES

Qué debe conocer un entrenador de fútbol base

Las exigencias físicas y psíquicas que implican el entrenamiento y la competición deportiva del fútbol, hacen que resulte conveniente disponer de conocimientos básicos en distintas áreas.

Se requiere el aprendizaje de un proceso sistemático de entrenamiento, para dominar las habilidades y destrezas que precisa la práctica del fútbol. Es básico dominar los principios tácticos y técnicos para ayudar a los jugadores a que se perfeccionen en la práctica del fútbol. Es necesario dominarlos en los planos teórico y práctico, y es deseable poder demostrar a los jugadores las acciones que sean motivo de aprendizaje.

Para entrenar en fútbol base es conveniente tener algunos conocimientos de biología (anatomía, fisiología, funcionamiento general del organismo, hábitos de higiene en la práctica deportiva), además de una familiarización con la práctica de los primeros auxilios.

También es deseable tener unos conocimientos estructurados con respecto al comportamiento y aprendizaje de las personas: cómo evolucionan mentalmente los niños y adolescentes, cuáles son los métodos de enseñanza de habilidades deportivas, qué papel desempeña un técnico deportivo frente al grupo de deportistas, y cuáles son los factores que mejoran la adquisición de habilidades.

Es necesario, a su vez, conocer la práctica del entrenamiento: los elementos básicos, los principios de adaptación al trabajo, las cualidades físicas básicas, las habilidades motrices en relación con el entrenamiento y los sistemas de trabajo para desarrollar las cualidades físicas.

Sin lugar a dudas, es necesario dominar en profundidad el reglamento, aunque por desgracia a veces su desconocimiento es enorme. Es deseable igualmente conocer la estructura y organización básica del fútbol en el país y en cada región, así como la legislación fundamental acerca de este deporte (ley del deporte, real decreto sobre enseñanzas y títulos de los técnicos deportivos, estatutos de la comunidad autónoma, contratación de servicios e impuestos, reglamento de la federación autonómica, etc.).

Las orientaciones y los fundamentos del juego

En lo que se refiere a dinámica del juego, existen varios principios que no pueden pasarse por alto. Según los expertos, una

de las máximas que no habría que olvidar nunca sería «dueño del balón, dueño del juego», ya se trate del portero, del defensa, del centrocampista o del delantero.

Cuando el portero está en posesión del balón

El portero es el primer delantero del equipo.

De la seguridad del saque dependerá que el equipo tenga una buena salida. Las salidas más seguras y ordenadas son las que se realizan por las bandas. El portero tiene que golpear el balón de forma rápida y precisa, con habilidad, a ser posible con el empeine. Haciéndolo de esta forma, es posible que el balón llegue con rapidez y seguridad a un punta del lado por el que se inicia el juego, y se sitúe en poco tiempo en la mitad del campo; de esta manera, se dispondrá de los espacios suficientes para atacar.

En cambio, si el balón se pone en movimiento desde atrás con muchos pases (seis o siete), estas zonas libres para el ataque no se producirán. De la rapidez de la salida dependerán la profundidad y la efectividad del ataque que se genere. Por ello, el portero tiene en esta acción mucho importancia.

Para que la salida sea rápida y segura, es muy importante que todos los jugadores del equipo se manifiesten, es decir, se desmarquen, creando pasillos que permitan al portero escoger la línea de entrega más segura y efectiva.

Cuando la defensa posee el balón

No hay mejor conducción que un pase oportuno, pues el balón es mucho más veloz que cualquier jugador, y jamás se cansa. Por ello, el dríbling no se debe utilizar jamás en zona defensiva propia.

Si ayudamos al jugador que tiene el balón, favorecemos la velocidad de salida de todo el equipo.

Para que los delanteros ganen espacios en ataque, es imprescindible que los defensores jueguen el balón rápidamente.

Cuando un defensor avanza con el balón en los pies, está robando segundos y metros a sus compañeros, y esto es un error que ha de corregirse cuando se produce. Por ello, un defensor que avanza con la pelota, debe tener ayudas constantes por parte del mayor número de compañeros posibles. La pared es una de las soluciones más efectivas a la hora de facilitar la progresión en el terreno de juego.

Las variantes en ataque y los movimientos previstos serán la base para la efectividad del juego de los defensas.

Las salidas preparadas previamente son las que garantizan la posibilidad de sorprender al adversario y conseguir efectividad, sobre todo en el juego de contraataque.

Cuando los centrocampistas poseen el balón

Los jugadores de medio campo permiten que los delanteros se muevan de la manera más eficaz por zonas que les permitan el remate a puerta.

Los centrocampistas tienen la posibilidad de buscar la progresión por las bandas. También pueden utilizar el pase en profundidad en el momento justo así como realizar oportunamente cambios de juego. Por último, también tienen la posibilidad de integrarse de una forma continuada y con efectividad a la línea de ataque.

NOCIONES GENERALES

El aprovechamiento y la ocupación de los espacios libres que constantemente deben crear los delanteros es uno de los motivos que hacen posible transformar el juego en goles. No hay que olvidar que una entrega realizada de manera precisa y oportuna demuestra la valía del centrocampista.

Además, conseguir zonas de remate orientando el juego por las bandas es muy aconsejable y asegura unos excelentes resultados. Una buena manera de conseguirlo consiste en arrastrar a un defensor a las bandas, o bien ocupar la zona que deja libre un delantero cuando se desplaza, ya que de este modo se consigue tener algunos metros cuadrados más para los atacantes y obtener la superioridad numérica durante el ataque.

Por todo ello, puede decirse que la labor principal del centrocampista consiste en dar apoyo desde atrás, tocar y desmarcarse para favorecer el ataque.

Cuando tienen el balón los delanteros

La proximidad del delantero respecto a la portería contraria hace que estos sean los que disponen de más posibilidades de moverse en zonas de remate. Para lograr un remate a portería, hay que insistir en la necesidad de que intercambien constantemente los puestos entre ellos y utilicen recursos como la pared (1-2 y 1-2-3) y el dríbling cuando se da el enfrentamiento de uno contra uno. Estos aspectos son el objetivo principal de una actuación que se lleva a cabo desde la línea de defensa.

Es, por tanto, muy importante la práctica continuada de la pared y el desarrollo preciso del dríbling, a fin de ponerlos en práctica con excelentes resultados en todos los encuentros. Un regate oportuno y una entrega o un tiro a puerta en el momento adecuado son el arma idónea para superar al adversario.

EL EQUIPAMIENTO

Indumentaria

El equipo básico de un jugador consta de un jersey o camiseta, pantalón, medias, espinilleras y botas (fig. 1).

Un jugador no podrá llevar durante el transcurso de un partido ningún objeto que pueda resultar peligroso para los otros jugadores.

Las espinilleras deberán estar cubiertas completamente por las medias, estarán hechas de un material adecuado (goma, plástico, poliuretano o una sustancia similar) y proporcionarán una protección adecuada.

La indumentaria específica del guardameta tendrá unos colores que la diferencien de la que llevan los otros jugadores y el árbitro.

El juego no se suspenderá por la infracción de esta regla; no obstante el árbitro podrá sancionar a cualquier jugador que no cumpla con los requisitos comentados, el cual no podrá regresar al terreno de juego hasta que su indumentaria sea perfectamente reglamentaria.

Sin embargo, antes de volver a incorporarse al juego, el árbitro lo examinará para cerciorarse de que su equipo está en orden. Si reúne las condiciones exigidas, entrará una vez se haya detenido el juego y el balón no esté en movimiento.

El equipo del jugador

Los jugadores, para los entrenamientos y partidos de competición, necesitan su propio equipo.

Equipo reglamentario de un jugador

EL EQUIPAMIENTO

El equipo completo estará constituido por las siguientes prendas y complementos:

— camiseta, pantalón corto y protectores;
— chándal;
— botas con tacos recambiables y herramientas;
— botas de tacos fijos para campos de tierra y para sala;
— espinilleras;
— vendajes y *taping*;
— brazalete (si es el capitán del equipo);
— guantes (para el portero);
— gorra (para el portero);
— neceser y toalla.

Aunque lo deseable sería que el club proporcionase el equipo para el entrenamiento, no siempre es así. Por ello, si fuese el entrenador o el jugador quienes debieran escogerlo, tendrán que asegurarse de que se adapta a las condiciones estacionales. Por ejemplo, las camisetas que superponen dos capas de material artificial y algodón suelen ser muy cómodas y agradables para la piel, pues la sudoración tiende a acumularse en la capa externa de la camiseta, lo que impide que el jugador se enfríe. Además, si la temperatura ambiental es muy baja, se pueden utilizar polainas.

El color del equipo es algo que se ha de elegir con cuidado, ya que debe destacar sobre el fondo del campo y diferenciarse bien del adversario. Un color verde en un campo de hierba es tan poco apropiado como uno de color oscuro jugando con luz artificial. Tampoco son apropiadas las vestimentas que llevan muchos colores.

El jugador debería elegir sus botas (fig. 2), aunque el entrenador puede aconsejarle si es necesario. Actualmente, en los entrenamientos se utilizan casi de forma exclusiva las botas con tacos de goma, ya que son menos perjudiciales para las articulaciones que los de metal. Gracias a la buena distribución de los tacos y los modernos materiales empleados, estos suelen ser adecuados también para las competiciones y deberían ser empleados sobre todo por jóvenes y niños. Los jugadores sénior, en campos resbaladizos, de hierba o con nieve, suelen recurrir a los tacos duros.

Distintos tipos de botas que suelen emplearse actualmente para jugar al fútbol

Distintos tipos de protectores
Equipo reglamentario de un portero

Para prevenir ciertas lesiones que suelen ser difíciles de curar (menisco, ligamentos, etc.), se debería utilizar el calzado adecuado para cada tipo de suelo, ya sea duro, helado, artificial o de sala. Los cambios de ritmo y el contacto con la superficie hacen contraproducente el uso de las botas recomendadas para césped.

Además, se han de llevar protectores tanto en las espinillas como en los tobillos para evitar contactos que pueden originar lesiones (fig. 3).

El suspensorio es un protector del bajo vientre, y es aconsejable utilizarlo. Asimismo, los vendajes son adecuados para proteger lesiones recién curadas.

Por último, también hay que incluir un neceser con los elementos necesarios para la higiene personal.

Por lo que respecta al portero, es necesaria una segunda camiseta para evitar confundirse con el rival (fig. 4). El pantalón, reforzado en los laterales, y las coderas y rodilleras le serán de gran ayu-

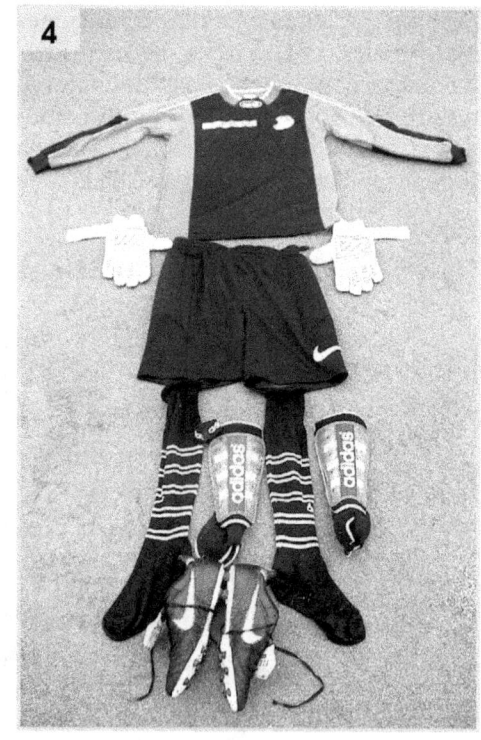

Diferentes tipos de balones

EL EQUIPAMIENTO

da si la superficie del terreno presenta dificultades.

Los guantes han de ser una elección muy personal del guardameta. Los hay de excelente calidad y distintos tipos para condiciones diferentes. También es conveniente que el portero disponga de una gorra que evite los reflejos.

El equipo del entrenador

Para realizar las actividades de competición y entrenamiento, el entrenador también habrá de equiparse con todo lo que necesite para su trabajo, a saber: silbato, pizarra táctica, libro de entrenamiento, dictáfono, botiquín, termo con agua helada y maletín de tacos.

La mayor parte de las veces, el entrenador de equipos de fútbol base no sólo ha de cumplir con sus tareas específicas, sino que con frecuencia debe ser al mismo tiempo cuidador, masajista e incluso médico de su propio equipo.

Aunque algunos detestan el silbato porque ven en él connotaciones militares, su uso es frecuente. Sin embargo, pocos emplean la pizarra táctica, el libro de entrenamiento y mucho menos el dictáfono.

La pizarra es importante para transmitir de una forma gráfica las ideas del entrenamiento y la competición.

En el libro de entrenamiento se registrarán todos los datos importantes del entrenamiento y de la competición. Si realiza esto durante un periodo de tiempo largo, podrá planificar, controlar y evaluar a la perfección las medidas adoptadas en los entrenamientos y en la competición.

El dictáfono es muy útil, ya que permite registrar todo cuanto transcurre en un partido, lo cual evita el riesgo de olvidar algunos de los detalles más importantes.

En cuanto al botiquín, deberá guardarse en él todo lo que sea necesario para el primer tratamiento de las distensiones, contusiones y torceduras. Los cubitos de hielo y el agua helada, que pueden llevarse en un termo grande, son muy recomendables, ya que si se aplican en un primer momento, la acumulación de sangre en los tejidos será menor y la recuperación será más rápida.

Material

Para entrenar no es imprescindible emplear una gran cantidad de material. De hecho, para jugar al fútbol basta con un espacio y un balón. No obstante, para llevar a cabo un entrenamiento específico y diferenciado conviene disponer de un material algo más amplio. De este modo, se podrá realizar una gran cantidad de ejercicios que además harán más amena y efectiva la sesión.

Material grande

Por lo general está instalado en el campo y está constituido por:

— porterías fijas o transportables, que pueden cubrirse con paneles abatibles por donde el jugador introducirá un balón; sirven para desarrollar las técnicas de golpeo, recepción y control del balón;
— péndulo del balón (en suspensión); sirve para entrenamiento de las técnicas de cabeceo, la fuerza explosiva y el salto; es muy adecuado para el autoentrenamiento;
— porterías transportables de varias dimensiones (normales, de 1 m × 1 m, de 2 m × 3 m, etc.) con las que orga-

nizar diversos tipos de juegos para adaptar el entrenamiento al rendimiento y al número de jugadores.

Material pequeño

El balón

El balón es esférico, con una cubierta de cuero o de otro material apropiado. En su fabricación no se empleará ningún material que pueda constituir un peligro para los jugadores. Debe tener una circunferencia de 70 cm como máximo y de 68 cm como mínimo. Su peso, al comienzo del partido, no será mayor de 450 g ni menor de 410 g. La presión de inflado será de 0,6 a 1,1 atmósferas al nivel del mar (600-1.100 g/cm^2).

En los partidos, el balón suele ser propiedad de la asociación o club en cuyo terreno se juega y no puede ser cambiado durante el partido sin la autorización del árbitro, a quien deberá entregársele una vez haya finalizado.

Si el balón estallara o se desinflara en el curso de un partido, el juego se reanudará con balón en el suelo en el sitio donde se desinfló. Si se produce en el área de meta, el bote neutral se realizará en la línea frontal del área de meta, en la parte más cercana al lugar donde ocurrió.

Tipos de balones

Los diferentes tipos de balón se diferencian sobre todo por el recubrimiento y el color, aun teniendo el mismo tamaño y peso. En sala se prefiere el balón con capa lisa de cuero y aterciopelada. Para campos de hierba y tierra se encuentran en el mercado deportivo balones con diferentes recubrimientos de cuero (fig. 5).

Balones medicinales

Para los partidos de infantiles, juveniles y femeninos se recomiendan balones más pequeños y ligeros (por ejemplo, de tamaño 4 en vez de 5).

En condiciones externas especiales (por ejemplo cuando el campo está cubierto de nieve) se puede utilizar un color diferente al blanco.

Balones medicinales

Son muy útiles para trabajar la fuerza y la resistencia mediante juegos que son muy útiles. Existen de diferentes tamaños y pesos para trabajar la condición física específica (fig. 6).

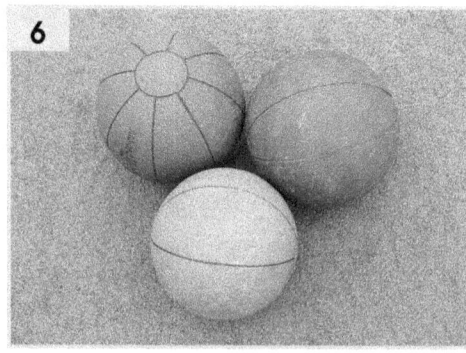

Petos de entrenamiento

EL EQUIPAMIENTO

Conos para trabajar en los entrenamientos
Vallas de altura regulable para los entrenamientos

Petos

Muy útiles para los grupos de entrenamiento, son de colores llamativos y se pueden llevar encima del chándal (fig. 7).

Banderines y conos

En los entrenamientos suelen variar las distancias y los espacios. Para ello, es conveniente disponer de conos o banderines para delimitar estos espacios y realizar el entrenamiento con soltura (fig. 8).

Vallas de entrenamiento

Son de altura regulable y permiten entrenar la fuerza explosiva y la coordinación (fig. 9).

Dummies

CURSO DE ENTRENADOR DE FÚTBOL

Características reglamentarias del terreno de juego. Todas las medidas se indican en metros

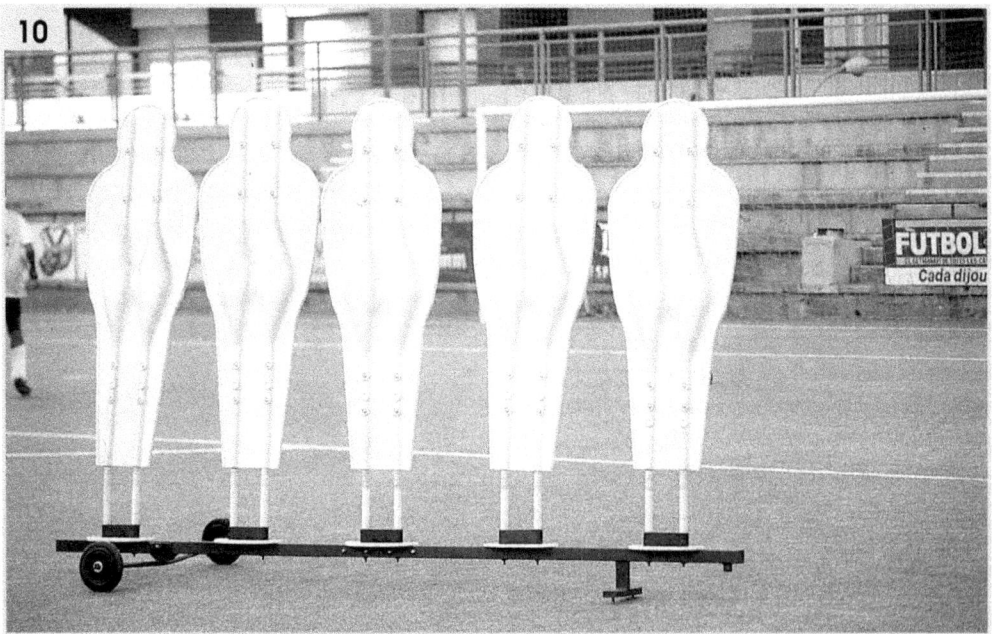

Vista en escorzo de un campo de fútbol

EL EQUIPAMIENTO

Dummies

Son figuras de tamaño real, muy útiles para el entrenamiento de los saques libres y los saques de esquina. Permiten que los especialistas se entrenen por su cuenta, sin tener que recurrir a sus compañeros (fig. 10).

Máquinas de pesas y mancuernas

Este tipo de elementos suele estar fuera de las posibilidades de adquisición de los clubes, puesto que son caros. No obstante, suelen estar disponibles en centros en los que, gracias a acuerdos especiales, se pueden ejercitar los jugadores. Son muy adecuados para la recuperación, sobre todo después de las lesiones.

Para el entrenamiento de la fuerza, el club debería disponer de chalecos lastrados, pesas para los pies, zapatos de pesas, sacos de arena y cuerdas para saltar. Con todo esto, el entrenador puede diseñar un programa que resulte ameno para el jugador, y que al mismo tiempo ayude a mantener y potenciar la fuerza.

EL TERRENO DE JUEGO

El terreno de juego: aspectos reglamentarios

Si bien el fútbol se puede practicar en espacios reducidos y con medios limitados, las dimensiones y formas generales son las que se especifican en la figura 11.

El campo será un rectángulo de una longitud máxima de 120 m y mínima de 90 m, y de una anchura no mayor de 90 m ni menor de 45 m. En cualquier caso, la longitud no debe ser inferior a la anchura (fig. 12).

El terreno de juego se marcará, siguiendo el plano, con líneas que resulten visibles, cuyo ancho no sea mayor de 12 cm. De las líneas que lo limitan, las más largas son las líneas de banda, y las más cortas las líneas de meta. En cada esquina del campo se colocará una banderola, cuya asta, que no deberá ser puntiaguda, tendrá una altura de 1,50 m por lo menos; podrá colocarse una banderola o similar a cada lado del terreno, a la altura de la línea de medio campo, separada al menos un metro de la línea de banda. Se trazará una línea medianera en el centro del campo, de lado a lado. Sobre esta línea estará visiblemente marcado un punto, alrededor del cual se trazará una circunferencia de 9,15 m de radio.

En cuanto al área de meta, se marcarán dos líneas perpendiculares a la portería, y a una distancia de 5,50 m de cada poste, que se unirán con una línea paralela a la portería.

Por otra parte, a una cierta distancia de los postes del marco, se trazarán dos líneas perpendiculares al área de meta de 16,50 m de longitud. Estas se unirán con otra línea paralela a la línea de meta. La superficie comprendida entre estas líneas es el área de penalti. En cada una de ellas se marcará un punto visible, perpendicular a la línea de meta, en el centro de la misma y a una distancia de 11 m de la portería. Este punto es la señal desde donde se ejecutará el penalti.

A continuación, y tomando como centro el punto de penalti, se trazará un arco de 9,15 m de radio.

Para trazar el área de esquina, con un radio de un metro medido desde la banderola de la esquina, se marcará un arco de circunferencia en la parte interior del terreno en cada esquina.

Por último, se colocan, anclados al terreno de juego, dos postes situados en el centro de la línea de meta y equidistantes de las banderolas de esquina. Estos postes están a una distancia el uno del otro de 7,32 m, y se unirán con un larguero horizontal cuyo borde inferior estará a 2,34 m del suelo. El larguero y los postes tendrán el mismo ancho, que no debe ser inferior a 12 cm.

EL TERRENO DE JUEGO

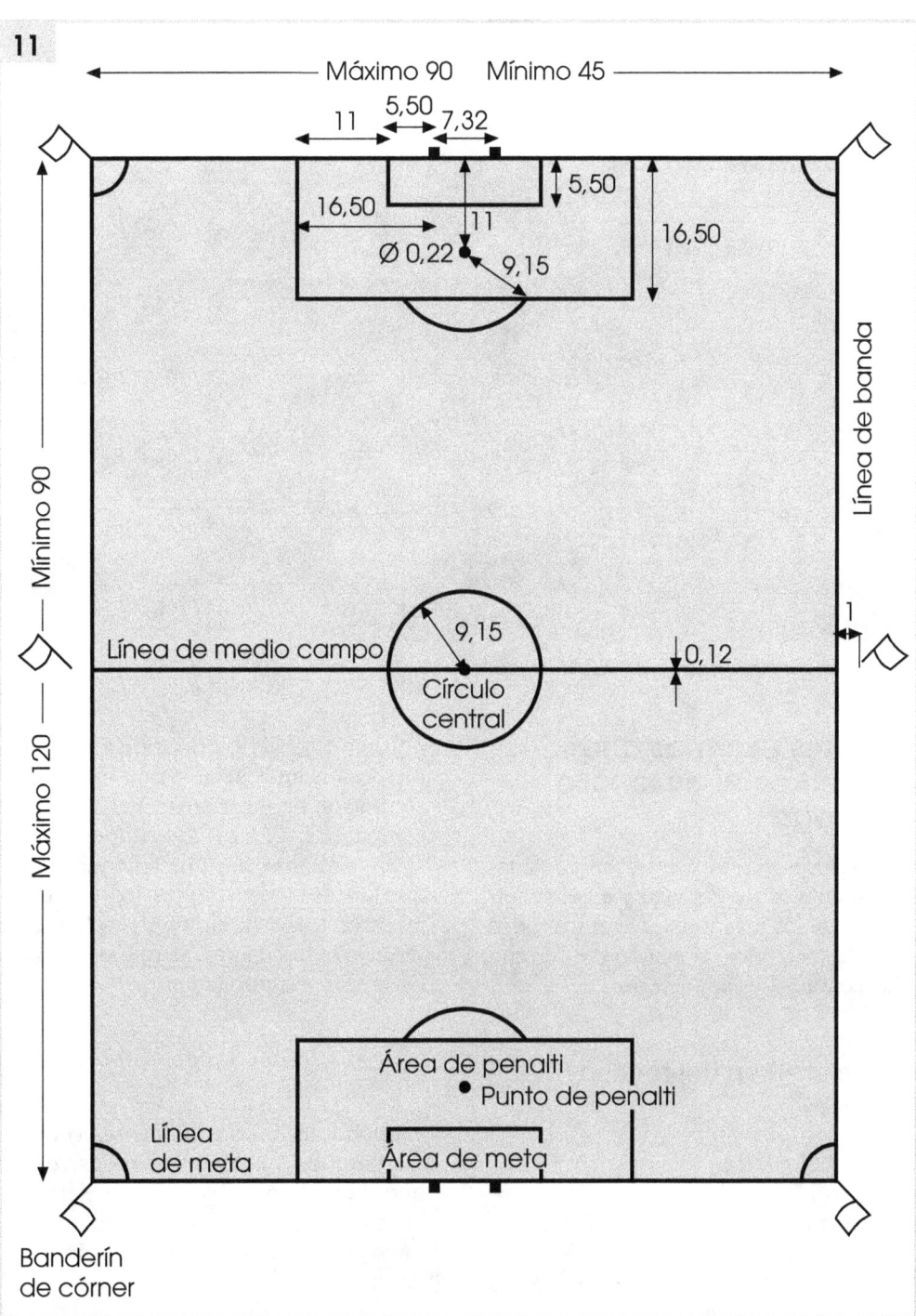

Cometidos del entrenador de fútbol dentro del club

Modelo de formación de un equipo de fútbol

Factores externos que influyen en el desarrollo del juego

Los factores externos influyen considerablemente sobre el juego y en el rendimiento de los jugadores. De entre todos ellos destacan dos: el estado del terreno y las condiciones atmosféricas.

Características del terreno de juego

FORMA DEL CAMPO

Campo largo y estrecho

Se produce una ventaja para las labores de defensa, ya que el frente de ataque se reduce y resulta más fácil vigilarlo.

El equipo debe profundizar lo máximo posible en el juego para evitar la concentración de jugadores en el centro del campo.

Sin embargo, hay que tener en cuenta que en esas situaciones los enfrentamientos y los duelos entre jugadores serán más frecuentes, ya que se producirá un mayor agrupamiento.

Campo ancho

Proporciona unas condiciones ventajosas para los movimientos ofensivos, ya que la creación de espacios, la ejecución de pases en profundidad, los desmarques y los cambios de orientación resultarán más fáciles.

El empleo de la cobertura es muy importante en este tipo de campo.

EL TERRENO DE JUEGO

Desde un punto de vista defensivo se ha de trabajar con agrupamientos que obliguen a los delanteros a desplazarse hacia el centro.

Campo de dimensiones reducidas

Los terrenos de juego pequeños permiten el reagrupamiento del equipo para las labores defensivas y, desde un punto de vista ofensivo, resulta favorable para la utilización de las permutas.

Además, los jugadores ágiles ven aumentado su rendimiento de juego en estas condiciones.

Campo de dimensiones amplias

Los terrenos de dimensiones amplias exigen estar en buenas condiciones físicas. Los cambios de juego resultan muy eficaces en este tipo de campos.

El marcaje individual se hace difícil, y es especialmente conveniente vigilar y anticipar los pases.

La construcción del juego se puede realizar desde la zona defensiva.

Características del suelo

Suelo nivelado y plano

Un terreno de juego con el suelo perfectamente nivelado y plano permite que los jugadores más técnicos lleven a cabo un buen partido.

Gracias a su comodidad, el juego se realizará a ras de tierra.

Por otra parte, los riesgos de lesión serán menores, ya que se dan menos contactos o enfrentamientos entre jugadores.

Suelo irregular

Produce un juego discontinuo, con muchos enfrentamientos y duelos.

El control y manejo del balón es más complicado, por lo que sólo los jugadores más «físicos» podrán tener un buen rendimiento.

Durante los encuentros en terrenos de suelo irregular, hay que acentuar la concentración y la atención (dado que se suelen producir situaciones imprevistas debido a botes irregulares, desplazamientos del balón inciertos en su discurrir por el campo, etc.) con el fin de aprovechar situaciones favorables.

Suelo de tierra

El control del balón es más complicado, puesto que rebota más que sobre el césped. Por ello, los equipos que poseen una buena técnica tienen una cierta ventaja competitiva, pues se requiere un buen control y una excelente conducción.

El hostigamiento al contrario es muy adecuado y eficaz, dada la mayor dificultad de actuar con precisión y la posibilidad de aprovechar los diversos rebotes.

Asimismo, es preciso practicar la entrega del balón al compañero, que debe hacerse siempre con seguridad y precisión.

Con el suelo mojado, los jugadores ágiles y técnicos se ven favorecidos en relación con otros más corpulentos pero con menos movilidad.

Si se logra tomar la iniciativa en el ataque, los atacantes en esta situación tienen más ventajas que en condiciones normales.

La velocidad del balón es mayor cuando toca el suelo, con lo cual circula más rápido y hace que su control sea muy delicado.

Hay que reducir los pases largos.

Los tiros potentes a ras del suelo son muy difíciles de controlar para el portero; por ello es conveniente que los atacantes ejecuten este tipo de tiros y lograr de este modo una mayor eficacia ofensiva.

Hay que cuidar la elección de los guantes del portero, que deben ser adecuados para bloquear el balón mojado.

El guardameta deberá despejar prioritariamente con los puños los balones con trayectoria aérea.

Se pondrá especial énfasis en la protección al portero en las acciones en las que tire el adversario o en los rebotes.

Barrizal

En estas condiciones, el balón se retiene de forma imprevista, su control en la conducción es muy dificultoso y la precisión en el juego es muy baja. Asimismo, la elaboración de la construcción del juego es muy complicada.

Hay que evitar las carreras, conduciendo el balón, y el dríbling.

Los jugadores con una condición física notable tienen ventaja en estas situaciones de combatividad.

No hay que olvidar que el control del balón para el contrario es más fácil que en otras situaciones.

Se evitará el juego corto y raso, que puede dar lugar a lesiones en los duelos entre jugadores, y se utilizarán los pases largos y aéreos.

Cuando el balón está en el área de penalti el peligro es grande, ya que se pueden producir situaciones de detención imprevista del balón en el barro.

Los guardametas deberán despejar los balones aéreos con los puños, alejándolos lo máximo posible del área de penalti. Los mediocampistas deberán estar atentos a los rebotes y a los errores defensivos en el área de penalti.

Las condiciones atmosféricas

CON EL VIENTO A FAVOR

Conviene disparar desde lejos cuando el viento esté a favor. A ser posible, se golpeará a ras de suelo para evitar que el balón se eleve.

Los delanteros han de estar muy atentos al portero, y seguirán la jugada cuando se realice un tiro a puerta, ya que es fácil que el portero no bloquee el balón y se pueda aprovechar un rechace.

Hay que poner atención a la velocidad del balón. Los pases en profundidad habrán de ser ejecutados con cautela, puesto que es fácil que se produzcan pérdidas del balón debido a la aceleración que el viento produce.

CON EL VIENTO EN CONTRA

En estas condiciones se hace necesario establecer una buena disposición defensiva, a fin de evitar que los atacantes puedan ejecutar tiros a puerta.

Se empleará el juego a ras de tierra, con pases cortos y precisos.

También se protegerá al guardameta, marcando a los jugadores contrarios que sigan el tiro a puerta, por si se presentan rechaces del mismo.

El guardameta no debe dudar a la hora de salir de su portería en caso de que se produzcan pases en profundidad, y tendrá que estar atento cuando su equipo domina. Deberá extremar la precaución cuando se den pases hacia atrás, puesto que el balón puede tomar una trayectoria y una velocidad imprevistas.

EL ENTRENADOR

Funciones y cometidos

Dentro de la organización del club, el entrenador debe realizar diversas funciones en distintos campos.

En primer lugar, ha de ser un *especialista* que posea conocimientos precisos de las técnicas y las estrategias futbolísticas, indispensables para obtener éxito.

También debe ser un *educador*, pues es necesario que sepa transmitir lo que sabe y conseguir el pleno desarrollo de los jugadores. Debe tenerse muy presente que su comportamiento y sus enseñanzas abarcan más ámbitos que el deporte: influyen en la personalidad, en los hábitos, el pensamiento y la forma de actuar de las personas que tiene a su cargo. No hay que perder de vista que muchas veces debe trabajar con jugadores muy jóvenes.

Su labor educativa exige una *motivación* constante del equipo. El entrenador, por su posición y poder de decisión, ha de ser un líder que colabore antes, durante y después de la competición para que los jugadores se sientan comprometidos con los objetivos, de forma que puedan dar lo mejor de sí mismos.

Sin embargo, esta motivación no debe convertirse en una exigencia egoísta, sino que debe complementarse con el *apoyo emocional* a los futbolistas.

El rendimiento de cada uno de los jugadores no siempre se corresponde con el del equipo. Hay que tener en cuenta que la única manera de obtener buenos resultados estriba en una *planificación eficaz de los equipos*.

Por otra parte, la labor de un entrenador no se circunscribe al campo de juego; también debe afrontar un conjunto de *tareas administrativas* que no siempre son fáciles, ya que a menudo se enrarece la relación con la junta directiva y la presidencia a causa de disensiones y opiniones encontradas. Para evitar enfrentamientos, hay que procurar que todo figure por escrito y que cuente con la firma del presidente. Igualmente, el entrenador deberá informar a la junta, encargada de controlar sus actividades. Por ello, debe ser un especialista en todas aquellas cuestiones que conciernan al club, tanto desde un punto de vista federativo como legislativo.

Por último, no puede olvidar una de sus funciones más importantes: su papel de *intermediario* entre el público, los jugadores y la directiva. Tanto si se trata de un equipo modesto como si se trata de uno grande, el entrenador debe aprender a distanciarse lo suficiente ante las críticas de los aficionados y los medios de comunicación, ya que es el centro de las miradas respecto al rendimiento o las circunstancias que rodeen al equipo.

El entrenador, en consecuencia, debe organizar su labor atendiendo a diversas exigencias (fig. 13).

Formación del equipo

No es tarea fácil, puesto que a menudo se encuentra con muchas dificultades y limitaciones. No obstante, ha de reestructurar el equipo cada temporada, para lo cual el descanso veraniego es un periodo de fichajes (fig. 14). En junio, normalmente se inician las conversaciones para formar el equipo para la nueva temporada, por lo que el entrenador, ya en el mes de abril, debe tener prevista la planificación para el año que viene.

Evaluación de la temporada

El entrenador, antes de comenzar a introducir cambios en la plantilla o en la alineación, deberá analizar la composición del equipo, la edad de los jugadores y las posibilidades de cada jugador en la defensa, el centro del campo y el ataque. También deberá considerar el rendimiento de cada jugador y su comportamiento dentro y fuera del terreno de juego.

Además, tendrá que estudiar los movimientos de la clasificación, la composición del equipo con los distintos cambios, las listas de asistencia a los

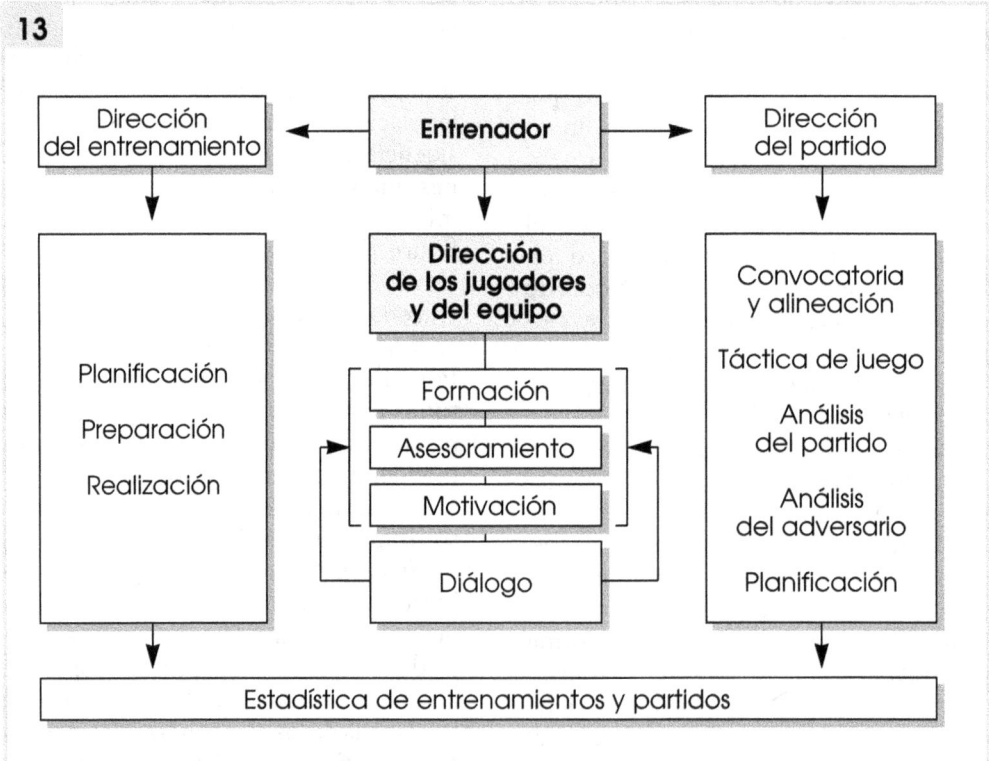

Factores que condicionan la acción del entrenador

EL ENTRENADOR

14

```
                    ┌─────────────────────┐
                    │ Equipo para         │
                    │ la temporada        │
                    └─────────────────────┘
```

- Partidos de entrenamiento
- Observación y análisis
- Test individual
- Test médico

Búsqueda de nuevos jugadores

- Número de jugadores
- Preferencia de posiciones
- Jugadores antiguos/nuevos
- Formación de grupos cerrados

Evitar enfrentamientos

- Forma de juego
- Sistema previsto
- Ocupación de las posiciones

Distribución de las posiciones de juego y participación en el equipo

- Aspiración
- Realidad

Determinación de los objetivos de la temporada

- Goleadores
- Participación en entrenamientos y partidos
- Técnica/Táctica
- Esfuerzo y estado físico
- Carácter y temperamento
- Bajas de jugadores
- Clasificación
- Evolución en la clasificación
- Rendimiento/Equilibrio de cada línea
- Capacidad de rendimiento
- Comportamiento
- Altas de jugadores

Evaluación de la temporada
Análisis del equipo y de los jugadores

Nueva temporada

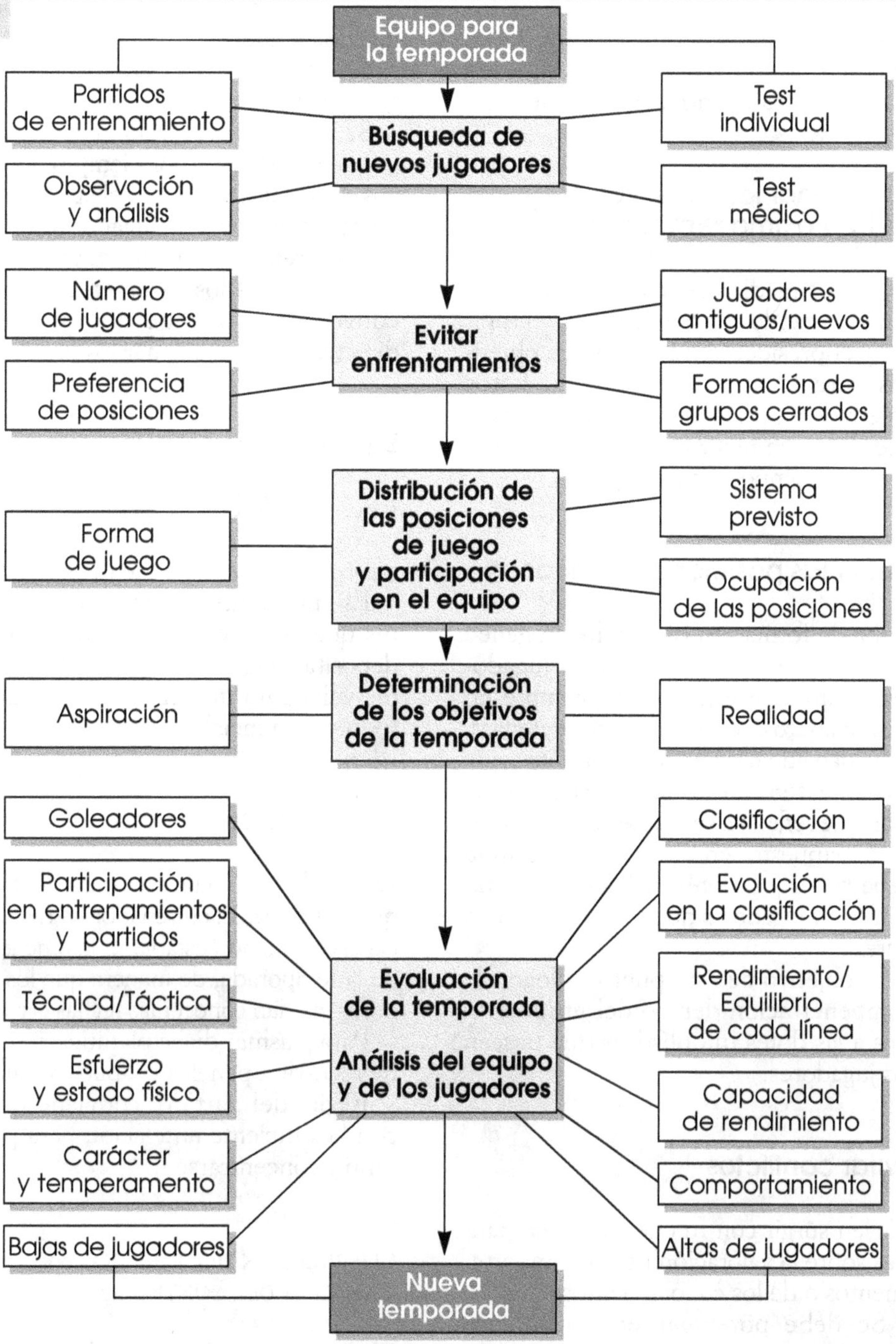

Representación gráfica de la planificación anual

entrenamientos y los contenidos de los mismos durante toda la temporada. También deberá comentar los aspectos citados con cada uno de los jugadores.

Determinar los objetivos de la próxima temporada

Según los medios de los que se dispongan y contando con la presencia del capitán y el presidente, se fijarán los objetivos para la nueva temporada. Estos objetivos han de ser siempre relativos, pues hay que tener en cuenta que pueden surgir imponderables.

Cubrir las posiciones tácticas

Se ha de formar un bloque heterogéneo en el que se complementen los jugadores, ya que por ejemplo, no siempre un mismo líbero encaja con ciertos defensas.

Se dan además muchas situaciones que por su extensión no se enumerarán. A modo de reflexión se plantea otro ejemplo de lo expuesto: en el centro del campo debe haber jugadores luchadores, protagonistas y jugadores que sepan chutar con dureza.

El objetivo de este punto es lograr la compenetración dentro del grupo gracias a las dotes futbolísticas que poseen los jugadores.

Evitar conflictos

Suelen surgir con frecuencia discrepancias sobre la valoración de los comportamientos o de los conocimientos.

Se debe potenciar el sentimiento colectivo, y hay que evitar centrarse en los problemas individuales. Hay que ocuparse además de la integración de los jugadores nuevos.

En estos casos es muy adecuado limitar la plantilla a 18 o 20 jugadores.

Se debe prevenir la formación de pequeños grupos (por ejemplo, los nuevos y los viejos) así como el error de prestar más atención a un jugador que a otro.

El entrenador debe hacer valer su opinión en todos los casos en que lo crea conveniente, y debe apoyarse en la directiva para solucionar los problemas.

Búsqueda de talentos

Es un trabajo que exige mucho tiempo y cuyos resultados son variables, según la información de la que se disponga.

Es importante apostar por los jugadores que se eligen. La confianza que se deposita en ellos es un estímulo de enorme valía para que el jugador desarrolle todo su potencial.

Dirección del partido

El partido es sólo una muestra del trabajo que se realiza. El entrenador ha de planificar el calendario y establecer los encuentros de la temporada, de manera que los jugadores puedan conocer las fechas claves.

Para plasmar dicha planificación, puede recurrir a paneles y tablas murales.

El día del partido, conviene quedar con la suficiente antelación para prepararlo y concentrarse.

OBSERVACIÓN DEL PARTIDO
Y ANÁLISIS DEL CONTRARIO

El entrenador dispone de las siguientes opciones para analizar un partido: escuchar informes de colegas, leer artículos de prensa, revisar vídeos de partidos, analizar notas propias y organizar observaciones de partidos.

También puede preparar una guía de observación y análisis del contrario.

Planificación y preparación del partido

El entrenador deberá tener en cuenta la importancia del partido, la hora y el lugar, los medios de transporte, los horarios de comidas, las variaciones en la composición del equipo, las pautas tácticas, la elección de calzado, la información sobre el adversario, la composición del equipo y la táctica, etc.

Asimismo, durante el partido tendrá que estar atento al adversario y al propio equipo, reaccionar ante cambios (con reclamaciones, cambios de funciones y cambios de jugadores), tranquilizar, motivar e instruir a los jugadores y, en muchos casos, tratar las lesiones.

Dirección táctica del jugador

Se ha de preparar al jugador antes de los partidos en el aspecto táctico, para que tome decisiones por su cuenta según las instrucciones tácticas que haya dado el entrenador, lo cual implica, por un lado, repartir funciones y responsabilidades y, por otro, procurar que los consejos que se dan a los jugadores sean claros y concisos para evitar confusiones.

Composición del equipo

Diversos criterios, como el rendimiento en partidos y entrenamientos, la participación en los mismos y la implicación en reuniones de equipo y actividades de grupo, son elementos que han de servir para tomar estas decisiones.

Anuncio de la alineación del equipo

No se hará pública antes de tiempo, puesto que algún jugador puede tomar actitudes no muy favorables para el equipo, o caer «lesionado». Lo mejor es publicar la alineación del equipo después del último entrenamiento.

Cambios de jugadores durante un partido

Se trata de decisiones muy importantes para el equipo y también para el resultado del partido. Hoy en día se valora mucho la capacidad de realizar bien los cambios de jugadores y reaccionar ante resultados o situaciones adversas, lo cual se convierte en un motivo muy importante para juzgar al entrenador.

Asistencia al partido

El entrenador se ha de ocupar de la observación y valoración del desarrollo del partido, la organización del descanso y la preparación mental y la motivación para la segunda parte del mismo.

Tranquilizar y relajar

Se han de evitar las prisas y los reproches así como tranquilizar y apaciguar los ánimos. Durante los primeros minutos del descanso, los jugadores deben sentarse y relajarse. El vestuario ha de estar tranquilo y ordenado, ya que cuanto más esfuerzo se haya desplegado, más conveniente será estirar las piernas, cerrar los ojos, relajarse, etc. Por ello, es conveniente que sean pocas las personas que estén presentes en el vestuario.

Además, se prestarán cuidados médicos e higiénicos, se tratarán las heridas, se darán masajes relajantes, se aplicarán vendajes, etc.

También se realizarán otras tareas como distribución de bebidas, cambio de ropa, calzado, etc.

La recuperación física se efectuará colocando las piernas en alto, aflojando protecciones y haciendo automasajes y estiramientos específicos.

Evaluación del partido

Se recogerá y analizará información estructurada sobre distintos factores que deberán contemplarse en el diario del entrenador (rendimiento, armonía del equipo, contundencia, nivel técnico, táctico y físico, eficacia de las estrategias, etc.). Si se dispone de una cámara de vídeo, podrá estudiarse de una manera más pormenorizada.

Conversación sobre el partido

Antes de iniciar la primera sesión de entrenamiento, el entrenador dará su parecer sobre los resultados del último partido. Podrá dirigirse a cada uno de los jugadores o al equipo, pero sin emotividad, de una manera objetiva, con escrupulosidad y competencia.

A lo largo de esta conversación, se tratarán el desarrollo del partido, el rendimiento y las líneas del equipo. Además, se evaluará la labor de cada jugador y se presentarán las consecuencias que el partido tendrá en los entrenamientos que se llevarán a cabo durante la semana siguiente.

Planificación y entrenamiento

Planificar es poner en orden los conocimientos con el fin de organizar los planes de entrenamiento durante la temporada. Estos planes han de tener en cuenta diversos aspectos técnicos, tácticos y estratégicos, la preparación física, el calendario, la competición, etc.

No se puede improvisar; hay que tener bien pensado y distribuido el trabajo y los objetivos de la temporada. Igualmente, cuando se acude a los entrenamientos, hay que llevar preparado el trabajo que se va a realizar, y saber perfectamente por qué ese y no otro.

El entrenador debe tener en cuenta aspectos como:

— factores generales: información sobre el jugador que entrena (edad, peso, talla); condiciones de entrenamiento (días, horas, etc.);
— factores específicos: evaluación previa (test motores, funcionales, técnicos y psicológicos); establecimiento de objetivos (calendario de competiciones, pretemporada, periodo específico, periodo de competición y periodo de transición);
— selección de métodos o sistemas para entrenar (cuántos, cuáles, dónde y cómo);
— estudio y análisis de las características de los rivales.

En vista de la cantidad de factores que influyen en la planificación, es imposible preparar un plan que los contemple

EL ENTRENADOR

15

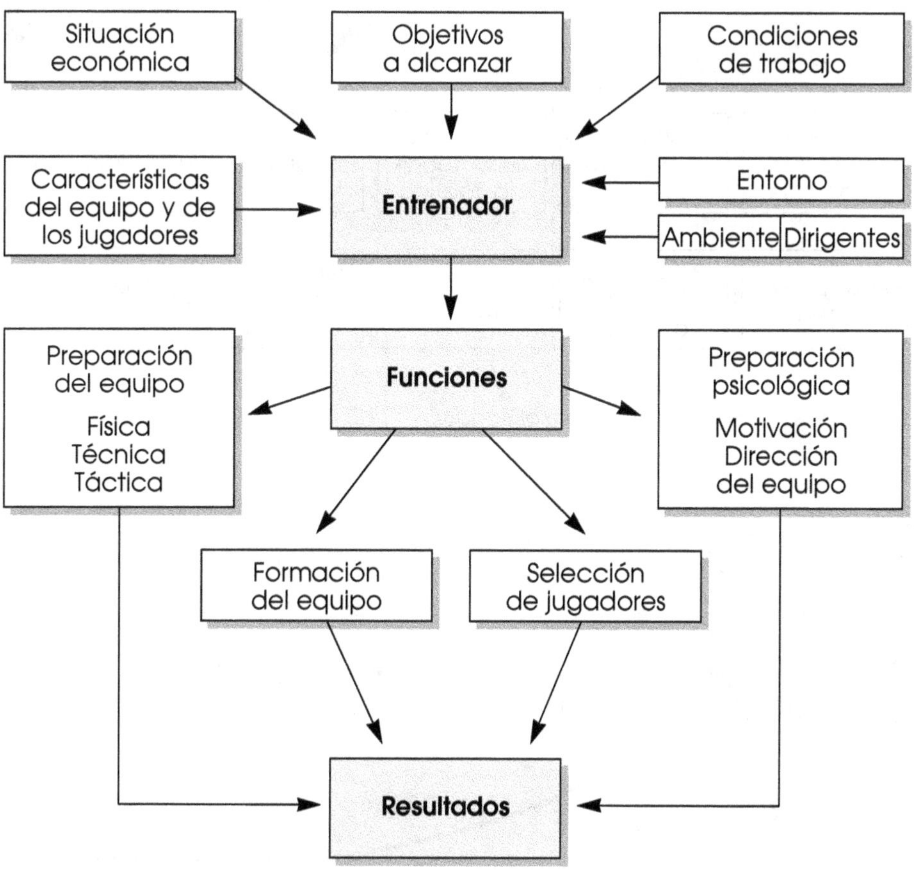

```
Situación económica → Entrenador
Objetivos a alcanzar → Entrenador
Condiciones de trabajo → Entrenador
Características del equipo y de los jugadores → Entrenador
Entorno → Entrenador
Ambiente Dirigentes → Entrenador
Entrenador → Funciones
Funciones → Preparación del equipo (Física, Técnica, Táctica)
Funciones → Preparación psicológica (Motivación, Dirección del equipo)
Funciones → Formación del equipo
Funciones → Selección de jugadores
→ Resultados
```

Planificación de la temporada

a todos; es por ello que se ha decidido facilitar los elementos para estructurar las reflexiones y tomar decisiones (figura 15).

Planificación de la temporada

La temporada se dividirá en tres ciclos o periodos: preparatorio, competitivo y transitorio (figs. 16 y 17).

PERIODO PREPARATORIO

El objetivo en esta fase es crear una base en la que descanse y sobre la que se edifique la preparación física general y la específica para conseguir la forma deportiva.

Este periodo se caracteriza por un gran volumen de trabajo, con una intensidad moderada o que, como mucho, roce la máxima.

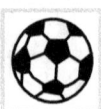

16

Pretemporada
julio-agosto
preparación
Temporada
septiembre-mayo
competición
Descanso
junio
Transición
Carreras a pie por el bosque
Entrenamiento específico de fútbol
Preparación física, técnica, táctica
Partidos
Relajación
Base general
Resistencia
Resistencia
Potencia
Velocidad
Preparación técnica
Perfeccionamiento
Automatismos
Descanso activo

Funciones de asistencia y asesoramiento al jugador

17

%
100
90
80
70
60
50
40
30
20
10
Intensidad
Volumen
Agosto
Septiembre
Octubre
Noviembre
Diciembre
Enero
Febrero
Marzo
Abril
Mayo
Junio
Julio
Periodo preparatorio
Periodo de competición
Periodo de descanso

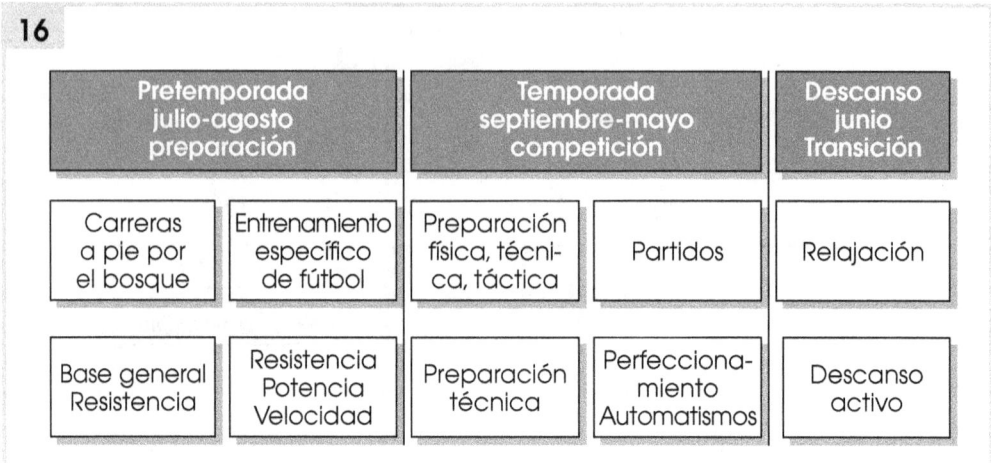

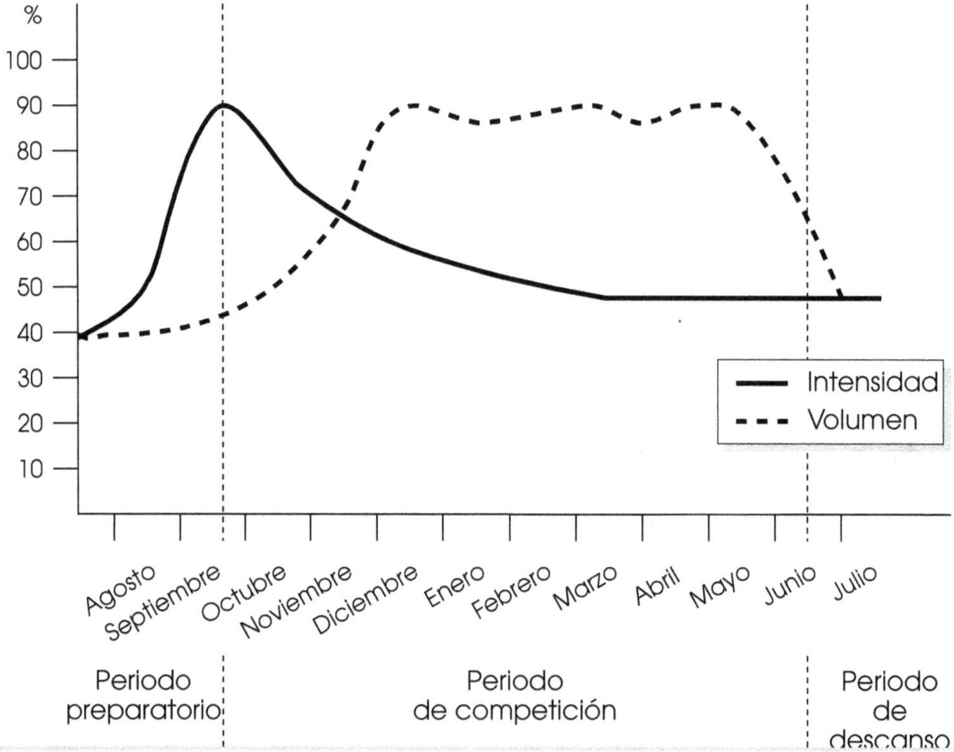

EL ENTRENADOR

Cuanto más intenso sea este periodo, mejores serán los resultados que se pueden obtener a lo largo de la temporada. Sin embargo, su práctica debe restringirse a cuatro o cinco semanas para que los jugadores puedan dedicarse a la competición.

Periodo competitivo

Los objetivos de esta etapa son conseguir y mantener la mejor forma deportiva posible, perfeccionar la técnica y la táctica de equipo y lograr una predisposición psicológica que les permita obtener excelentes resultados.

Se ha de dar una progresiva disminución en el volumen de trabajo, si bien este debe ser cada vez más intenso.

La duración de esta fase es de nueve o diez meses.

Periodo de transición

El objetivo de esta fase es la regeneración del organismo de los jugadores; sobre todo el de aquellos que han llevado una actividad continua durante la temporada.

En esta fase se mantiene el volumen de trabajo del periodo competitivo, pasando a una reducción progresiva de la intensidad de trabajo hasta llegar a un límite moderado.

La duración es de cuatro a cinco semanas.

La sesión de entrenamiento

Los principios que deben regir un entrenamiento son la sistematización y la planificación, ya que es necesario lograr que los ejercicios se adapten a cada jugador y sean adecuados a su edad, que sean claros y el jugador pueda ejecutarlos y comprender perfectamente lo que hace. Cuanto más sepa un jugador de las finalidades, métodos y mecánica del entrenamiento, mayor será su motivación e implicación en el mismo.

No obstante, el entrenamiento es algo más que el trabajo en el campo. Es también un proceso estructurado en varias interrelacionadas:

— análisis de la competición y de los jugadores;
— determinación de los objetivos del entrenamiento;
— planificación del entrenamiento;
— realización del entrenamiento;
— control del rendimiento y del entrenamiento;
— evaluación del entrenamiento.

El entrenador ha de seguir cada uno de estos puntos de una forma rigurosa.

¿Cómo debe ser una sesión de entrenamiento?

Antes de la sesión hay que establecer los objetivos y preparar los ejercicios: qué tipo de ejercicios se realizarán, cómo explicarlos a los jugadores y por qué se realizarán estos ejercicios y no otros.

Se mantendrán al día las hojas de análisis y las fichas de los jugadores, y se dividirá el ejercicio en fases. Todas las situaciones pueden diseñarse, tanto si se está como si no se está en posesión del balón.

A continuación se preparará el material necesario para que se desenvuelva sin problemas la sesión.

Asímismo, habrá que asegurarse de que el terreno de juego se encuentra en buenas condiciones.

Se comprobará finalmente el cumplimiento de los objetivos.

Qué debe hacer un entrenador durante el entrenamiento

Para empezar, deberá promover la confianza de los jugadores, precisar el motivo del ejercicio, averiguar si conocen el procedimiento, motivarlos para realizarlo y situarlos en una fase del juego que guarde relación con el ejercicio que se va a efectuar.

A continuación, tendrá que presentar el ejercicio: dar explicaciones claras sobre cada fase, insistir en los aspectos importantes, tener paciencia, ser explícito, tender a mostrar las cosas de forma sencilla y no pedir a los jugadores acciones que no saben realizar.

Después se pondrá a los jugadores a prueba: se les pedirá que realicen el ejercicio y se corregirán las deficiencias, explicándoles el motivo. Habrá que insistir hasta que se haya comprendido y se realice perfectamente.

No hay que perder de vista a los jugadores durante las prácticas. Habrá que animarlos a repetir algún ejercicio que se haya realizado con ocasión de un encuentro, y disputar partidos amistosos.

Al término del entrenamiento, el entrenador deberá atender a todas las preguntas que se le hagan y hacer un esfuerzo para comprender todas las reacciones de sus jugadores.

Reglas básicas durante la sesión

Es recomendable que el esfuerzo vaya decreciendo a medida que transcurra la sesión, yendo de los ejercicios más rápidos a los más lentos y de los dinámicos a los estáticos.

El entrenamiento debe dirigirse de lo específico a lo global.

Es deseable que comience con ejercicios de coordinación para luego realizar un trabajo más físico. El orden para entrenar las capacidades condicionales es velocidad, fuerza y resistencia, pero como el organismo es un todo, la velocidad y la fuerza tienen factores neuromusculares comunes que hacen que sean complementarios. Así, en la sesión, se puede modificar el orden de entrenamiento físico, técnico y táctico.

División de una sesión de entrenamiento

Una sesión de entrenamiento puede organizarse en cuatro fases.

En primer lugar, se hará una introducción de carácter informativo, en la que se explicará a los jugadores los objetivos de la sesión para que se motiven y se predispongan al trabajo. La organización del trabajo (por grupos, por líneas, etc.) deberá ocupar entre el 5 y el 7 % del tiempo total de la sesión y en ella se indicarán las partes que presentan una mayor dificultad para que los jugadores se dosifiquen.

A continuación se procederá al calentamiento, que ocupa entre el 10 y el 15 % de la sesión. Tiene una duración de entre 10 y 20 minutos, y con él se prepara el organismo para el esfuerzo del entrenamiento.

Nada más acabar la fase anterior, se pasará a la principal, donde se desarrolla el trabajo físico, técnico y táctico. Esta es la parte más larga (ocupa entre el 65 y el 70 % de la sesión), si bien el número de objetivos ha de ser limitado, basta con establecerse dos o tres prioritarios, pro-

EL ENTRENADOR

curando que no sean complejos y que sean coherentes entre sí.

Por último, se pasará a la conclusión, que ocupa entre el 10 y el 13 % de la sesión. En esta fase se realiza la valoración y se sintetiza lo aprendido. Asimismo, es necesario que el jugador se acostumbre a realizar estiramientos durante cinco o diez minutos.

Mediante el trote y los posteriores estiramientos el jugador recuperará las condiciones físicas que posee en reposo.

FRECUENCIA DE ENTRENAMIENTO
PARA JUGADORES DE DISTINTAS EDADES

En el cuadro adjunto se especifica, de una forma aproximada, el número de entrenamientos, según la edad, que han de desarrollar jugadores que están en periodo de iniciación (de 5 a 8 años), perfeccionamiento (de 9 a 13 años), dominio (de 14 a 16 años) y alto rendimiento (de 17 a 19 años).

En el fútbol base, la duración de la sesión suele ser de unos 60 o 90 minutos. Las sesiones cortas son de 30 a 90 minutos, las medias de 90 a 180, y las largas, ya profesionales, de más de 180.

ALGUNOS CONSEJOS ÚTILES SOBRE
LA SESIÓN PARA UN ENTRENADOR

Los jugadores han de comparecer bien equipados para el entrenamiento o el partido y es preciso que no hayan comido nada en las últimas dos horas.

Habrá que asegurarse de que dispongan de vestuarios holgados y dotados de agua caliente.

El entrenador se mostrará flexible para variar la naturaleza de los entrenamientos si lo cree preciso con miras a que la motivación no decaiga.

CARACTERÍSTICAS DE LOS ENTRENAMIENTOS POR EDADES

Edad	Sesiones a la semana	Sesiones al año	Duración de las sesiones (min)	Duración del partido (min)	Medidas del campo
7-9	2-3	100-110	60	20 × 2	40 × 20 m
10-12	3	10-120	60-70	25 × 2	Combinar campos pequeños y campos normales
13-14	3-4	120-130	70-90	30 × 2	Campo normal
15-18	4-5	160-200	80-100	40 × 2	Partidos de entreno más largos (3 × 30') en campo normal
19-21	Diarias	200-250	90-120	45 × 2	Partidos de entreno más largos (3 × 40') en campo normal

Se dosificarán las partes del entrenamiento: cuanto más intenso sea, más largo ha de ser el calentamiento, que además se adaptará a las peculiaridades del ejercicio (especialmente en sesiones de preparación física).

No hay que permitir que los jugadores permanezcan demasiado tiempo inactivos, e incluso en condiciones climatológicas adversas se permitirá que se muevan durante las explicaciones.

De la misma manera, tampoco se consentirá que realicen ejercicios echados en el suelo si el terreno está mojado o húmedo.

Si el interés de los jugadores disminuye, habrá que averiguar las causas, ya que pueden deberse a múltiples factores, a veces ajenos al entrenamiento (puesto que ocupan en el equipo, retraimiento, alimentación, problemas familiares, condición física, comportamiento de otros jugadores, problemas con la directiva del club, etc.).

La dirección y comunicación del entrenador con los jugadores

La dirección de los jugadores

Es mucho el interés y las preguntas que a este respecto se hacen las personas responsables del rendimiento de un equipo, incluyendo aquí a los entrenadores. La dirección es una técnica que se aprende, y también un arte.

El estilo más adecuado en general es el democrático, participativo. No hay que caer en la trampa de los autoritarismos, que en el fútbol, a lo largo de toda su historia, han sido tan practicados. Es preciso evitar en todo momento un estilo rígido y autoritario. Sólo eventualmente hay que hacer uso del poder para imponer algo que de otra forma no se pudiera haber hecho. Por lo tanto, es un recurso del poder, y no una táctica.

Las medidas esenciales para dirigir bien un equipo se basan en dos principios: dar ejemplo en el comportamiento y en la responsabilidad, a la vez que se exige el máximo a los jugadores, y, por otra parte, escucharlos y estar dispuesto a ayudarlos y protegerlos de los miedos e inseguridades que se les presentan (fig. 18).

Es muy conveniente que los entrenadores se formen, siempre que les sea posible, en dirección de grupos. Muchas veces el entrenador no es consciente de los efectos que tiene su comportamiento con sus jugadores, y persiste en las mismas soluciones que no le dan más que problemas. Por esta razón, ha de trabajar estos aspectos.

Con todo lo expuesto podemos ver que no hay recetas sencillas para liderar y motivar a un grupo, pero sí que se puede dirigir eficazmente manteniendo una disposición de trabajo clara, responsable, atenta los jugadores y comprometida con los objetivos.

La comunicación entre el entrenador y los jugadores

A la hora de comunicarse con los jugadores, es muy importante utilizar un lenguaje adecuado, sin tecnicismos futbolísticos excesivos. Muchas veces se abusa de la terminología y esto va en detrimento de la claridad. Igualmente, todos los medios que estén al alcance deben ser utilizados para informar a los jugadores: charlas colectivas, entrevistas individuales, pizarra, cartas, etc. La cuestión es saber elegir el canal apropiado para cada situación.

18

Dirección del jugador en el campo de las relaciones humanas

Desarrollar la personalidad del jugador	Asesoramiento
Lograr probabilidades de éxito	Problemas personales
Ofrecer objetivos atractivos	Enfermedades
Crear optimismo antes del partido	Lesiones
Mejorar la estabilidad emocional	Problemas cotidianos
Motivar para mejorar el rendimiento	Influencia del entorno familiar
Educación del carácter	Influencia del entorno social
Mejorar la socialización	Problemas escolares

El entrenador no debe cargar nunca la formación con opiniones subjetivas o juicios de valor. Eso le hará perder autoridad y rigor ante los jugadores.

Tampoco ha de fatigar a los jugadores con informaciones excesivas: se ha de proporcionar la información necesaria para el desarrollo de la actividad, de forma sencilla y fácil de entender, ya que si fuese demasiado compleja podría generar inseguridad.

El diálogo con los jugadores menos motivados debido a su poca participación en los partidos, será un elemento clave para mantener el buen clima del grupo.

Hay que tener en cuenta que en los jugadores, como en todas las personas en general, existe una resistencia al cambio. El entrenador deberá luchar contra las situaciones que se establecen y que a los jugadores no les interesa cambiar, aunque sean beneficiosas para el equipo. Un ejemplo de ello lo constituyen los jugadores que se creen imprescindibles.

La preparación psicológica

La preparación psicológica es un aspecto clave en la preparación de un equipo, por lo que es conveniente que el entrenador posea una buena formación. Se trata sin duda, de una tarea compleja, ya que es preciso conocer de la manera más completa posible a los jugadores que se tiene a cargo, sobre todo en lo que concierne a las características propias de la edad, la personalidad de los jugadores, los valores y las relaciones del grupo, así

CURSO DE ENTRENADOR DE FÚTBOL

como las técnicas más adecuadas para motivarlos en su disposición al trabajo y para controlar su comportamiento.

Así, para fomentar las capacidades del jugador, el entrenador ha de jugar un papel de refuerzo y afirmación de sus condiciones. No hay arma más potente en la relación con los jugadores que depositar la atención y la confianza en ellos.

Además de este papel de refuerzo y afirmación de las capacidades individuales, el entrenador ha de centrarse en otra tarea también muy importante: reducir la tensión que provoca la competición y el deporte. Para lograr esto, aparte de proporcionar apoyo emocional, que contribuye a reducir el estrés, es conveniente que domine alguna técnica de relajación para aplicarla a sus jugadores. Como ejemplo, a continuación pueden verse dos pequeños ejercicios prácticos:

• El jugador ha de ponerse de pie, con las piernas separadas a una distancia equivalente a la anchura de los hombros y con los brazos en los costados. Mientras mantiene esta posición, debe esforzarse en notar la atracción que el suelo ejerce sobre él, sintiendo cómo las piernas se vuelven más pesadas. Se mantendrá la concentración y la respiración será relajada.

• El jugador, tumbado en el suelo con los ojos cerrados, fijará la atención en una parte determinada del cuerpo (por ejemplo, un dedo del pie). Deberá sentir el dedo y comenzará a percibir una sensación de calor que se hace cada vez más fuerte. A continuación, se concentrará en el pie, el tobillo, la pierna, etc. hasta llegar a las extremidades superiores y al conjunto del cuerpo. En este momento se notará una sensación de calor por todo el cuerpo.

Para finalizar, habrá que respirar profundamente e incorporarse poco a poco.

Existen muchas técnicas de relajación: mediante trabajo de tensión muscular, respiración, imaginación, etc. Es cuestión de que el jugador aprenda y domine la que más le guste.

La enseñanza del fútbol en diversas edades

A edades tempranas, hay que tener en cuenta que los niños son un cúmulo de energías en busca de expansión, que el fútbol puede proporcionar. En el aspecto físico, contribuye a robustecer su organismo, adaptándolo para esfuerzos venideros, mientras que en el educativo, muestra el respeto a las reglas, a las decisiones y a los adversarios.

Hay que intentar que el niño comprenda, a través del fútbol, que la armonía y el compañerismo constituyen la esencia de todo grupo. El fútbol le permitirá expresar y afirmar ante los demás su propia personalidad, y al mismo tiempo, contribuirá a que fomente esa mentalidad creadora que todo joven lleva dentro.

Las sugerencias en cuanto a los aspectos pedagógicos para edades jóvenes son:

— exponer teóricamente, de forma breve, lo que se va a hacer y demostrarlo en la práctica;
— pensar que la adecuada progresión es la base del éxito;
— captar el interés del joven, ofreciéndole amistad, haciendo más variado el trabajo e intentando que las lecciones le resulten agradables;
— procurar que la disciplina sea cordial, aunque el niño o el joven ha de saber

EL ENTRENADOR

reconocer la autoridad del entrenador;
— formar grupos homogéneos para realizar el trabajo;
— conseguir el material adecuado;
— enseñar que el cumplimiento y la puntualidad son las primeras bases da la disciplina.

La preparación de un equipo alevín

Se trata de una fase de iniciación. Los equipos están integrados por niños de diez y once años, ya que esta es la edad idónea para comenzar a practicar un deporte.

En el aspecto físico, se debe establecer un equilibrio entre la talla y el peso, y el niño adquiere una vitalidad notoria.

Psicológicamente, pierde ingenuidad en su comportamiento y adquiere un desarrollo mental importante. Es mucho más sociable y participa mucho más en grupos de amigos. Aumenta la iniciativa propia y adquiere conocimientos con una enorme facilidad, pero requiere a su lado a una persona que le muestre tanto las nociones de orden y autoridad como las de amistad y camaradería.

Es muy sensible a las críticas, por lo que hay que tener mucho cuidado a la hora de estimular su aprendizaje.

La actividad futbolística se basa en la preparación técnica y la preparación física. De la totalidad del trabajo que debe realizar durante el año, el 60 % corresponderá a un trabajo de enseñanza técnica y un 30 % a la preparación física. La táctica ocupa un espacio mínimo en la enseñanza de un equipo alevín: el 10 %.

El programa de la preparación técnica incluirá la enseñanza de los principios fundamentales: superficies de contacto, balón, contrarios, obstáculos, etc., todo de una manera progresiva.

El programa de preparación física lo integrará una preparación basada en el dominio y el control del cuerpo, el equilibrio y la coordinación, principalmente.

En la táctica, a través del juego, se irán enseñando conceptos simples como marcaje, desmarque, apoyo, pared, etc.

La preparación de un equipo infantil

Lo constituyen niños de doce y trece años.

En el aspecto físico, aumenta de forma sensible la talla, sin que esté coordinada con el peso. El corazón, a esta edad, duplica su tamaño, pero este aumento no es proporcional con el desarrollo vascular. Hay tendencia a la fatiga prematura.

En el aspecto psicológico, se pueden destacar las profundas transformaciones glandulares que conlleva la pubertad, que convierten al joven en un ser sensible y muy inestable. La actividad futbolística se basa en la preparación técnica (50 %), en la preparación física (30 %) y en la táctica (20 %).

Respecto a la técnica, hay que enseñar los principios fundamentales, aumentando las dificultades. Se enseñará la técnica individual y se corregirán los errores de forma sistemática.

Respecto a la preparación física, hay que desarrollar la flexibilidad, la coordinación, la agilidad, el equilibrio y la elasticidad. También se trabajará la resistencia aeróbica y la velocidad de base.

Por lo que se refiere a la táctica, se han de enseñar los principios fundamentales y algunos elementos de estrategia.

La preparación de un equipo juvenil

Lo constituyen jóvenes desde los dieciséis años hasta los dieciocho.

En el aspecto psicológico, se puede destacar el aumento de la confianza que tienen en sí mismos. El joven define mucho mejor lo que desea, y comprende los caminos que se han de seguir para conseguirlo. Así, le gusta tomar sus propias decisiones, aunque estas no sean acertadas. Se acentúa el espíritu de independencia y se perfila ya la personalidad.

En el aspecto físico se pueden destacar también algunas características: se frena el crecimiento en altura, pero comienza el desarrollo en anchura y peso. Se produce también un desarrollo muscular en volumen y en potencia. Se adquiere mayor coordinación y se estabiliza el sistema cardiovascular. Por lo tanto, mejoran las actividades funcionales del organismo.

La actividad futbolística que se ha de llevar a cabo se puede organizar de la siguiente forma: un 40 % de preparación técnica, un 40 % de preparación física y un 20 % de preparación táctica y estratégica.

La preparación técnica tendrá como objetivo perfeccionar la técnica individual, corrigiendo errores. Se hará hincapié en el desarrollo y aprovechamiento de las situaciones.

La preparación física buscará el perfeccionamiento de las cualidades físicas, sobre todo la resistencia, la fuerza, la velocidad y la flexibilidad. Para ello, se dispondrá de un programa específico que permita el desarrollo de la agilidad.

En cuanto a la preparación táctica y estratégica, el desarrollo y fijación de los principios ofensivos y defensivos será una tarea importante. Para ello será preciso desarrollar esquemas tácticos, sistemas de juego y estrategias en ataque y en defensa.

Es necesario que el joven se dé cuenta de la aportación al conjunto que puede realizar sin que luzca de cara al público su actuación. Es necesario que cada cual comprenda a la perfección sus funciones y por qué se han de desarrollar así. En este sentido, las charlas tácticas son muy importantes.

LA PREPARACIÓN FÍSICA

La base de la práctica del fútbol reside en la preparación física, ya sea para competir o simplemente para ejercitarse.

Los seres humanos actúan gracias a un conjunto de sistemas biológicos, físicos, emocionales, etc., que forman una unidad compleja. La idea del trabajo interrelacionado es muy importante a la hora de diseñar un entrenamiento físico, pues hay que realizar ejercicios que tengan en cuenta los aspectos físicos, técnicos, tácticos y psicológicos, a fin de lograr un entrenamiento integrado (figura 19).

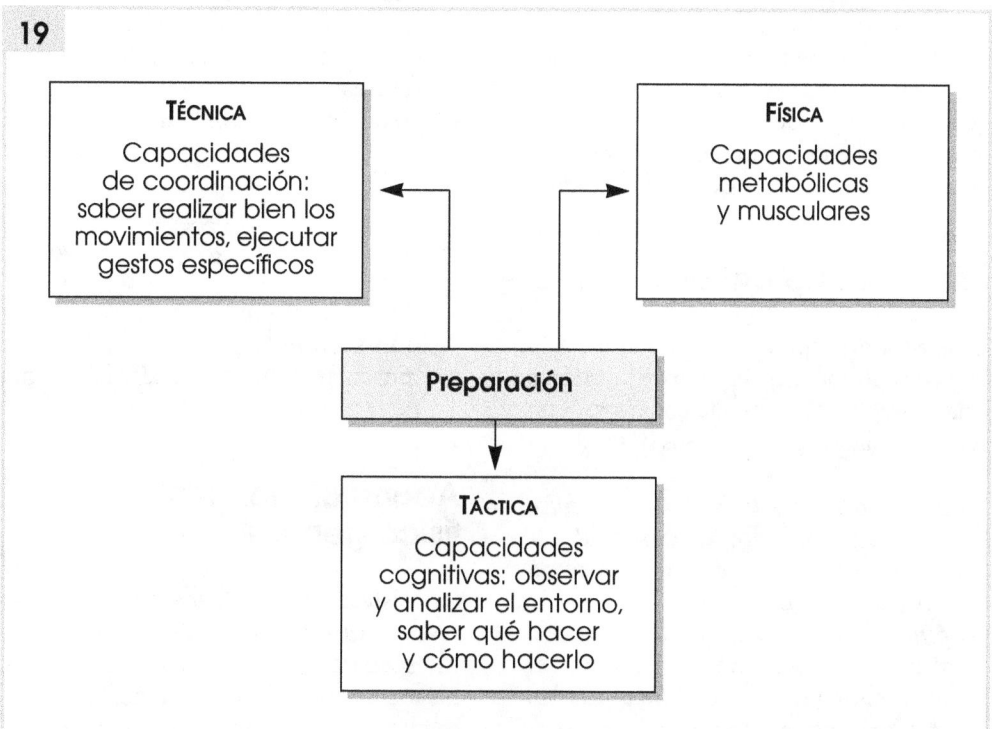

Los fundamentos de la preparación del futbolista

Para practicar el fútbol, antes de nada, es esencial y obligado que el jugador se someta a un reconocimiento médico. Este es el primer paso para poder iniciar, una vez asegurada la aptitud física, los entrenamientos y la práctica de este deporte.

A continuación, se proseguirá con un acondicionamiento general, que consiste en un conjunto de ejercicios y esfuerzos que tienen por finalidad preparar el organismo del jugador para realizar esfuerzos mayores. Es importante que esto se tenga en cuenta a la hora de establecer los objetivos de pretemporada, ya que no se pueden ni se deben aplicar entrenamientos específicos sin una buena capacidad aeróbica ni un buen desarrollo muscular y control corporal.

Una vez que el jugador esté ya en condiciones, se empezará con el trabajo específico sobre las condiciones físicas básicas (CFB) en relación con el juego del fútbol.

Antes de comenzar, es preciso enumerar los principios que van a tenerse en cuenta a la hora de efectuar los entrenamientos y que deberán seguirse con atención en todas las fases de la temporada.

Principios de entrenamiento

Cuando un preparador se enfrenta a la tarea de entrenar a un equipo de jugadores y ha de trabajar físicamente con ellos, debe seguir los siguientes principios básicos:

— *principio de acondicionamiento previo:* sin una preparación de base adecuada, no se puede ni se debe iniciar una actividad de sobrecarga;
— *principio de planificación sistemática:* a través de los planes de trabajo, el entrenador decidirá las actividades que deben realizarse periódicamente; la improvisación lleva el fracaso;
— *principio de continuidad:* la interrupción constante de los entrenamientos es contraproducente;
— *principio de descanso:* a toda actividad debe seguir un periodo de descanso (lapsus de asimilación compensatoria), sin el cual el jugador no progresa y puede caer en el sobreentrenamiento;
— *principio de sobrecarga progresiva de trabajo:* el aumento del trabajo debe ser progresivo, de menos a más, incrementando paulatinamente la carga por periodos de entre seis y ocho sesiones;
— *principio de cresta o tope de carga:* es conveniente tocar el umbral de la fatiga, pero no de forma continua, pues puede caerse en la fatiga residual y acumulada;
— *principio de entrenamiento integral o total:* debe entrenarse el conjunto de capacidades, las partes débiles y las fuertes;
— *principio de la individualización:* cada jugador, según sean sus cualidades y su desarrollo, exige un entrenamiento de acuerdo con sus características;
— *principio de la repetición sistemática:* todo ejercicio ha de ser repetido un determinado número de veces para que se pueda producir hipertrofia muscular y, en consecuencia, mejora de la fuerza.

Acondicionamiento físico general

Consiste en preparar los diversos sistemas del organismo para el entrenamiento específico. Así, el cerebro, los huesos, los músculos, las articulaciones, el aparato circulatorio, el aparato respiratorio, el aparato digestivo, etc., se acondicionan

LA PREPARACIÓN FÍSICA

para enfrentarse a un trabajo progresivo y específico con carga creciente.

En primer lugar, hay que resaltar la enorme importancia, muchas veces no suficientemente valorada, del calentamiento. Es una parte esencial de inicio, que permite enfrentarse a un ejercicio físico.

El calentamiento

Los deportistas que se inician en edades tempranas no suelen poner la atención necesaria a la hora de realizar un calentamiento antes de la actividad física o competición. A medida que se van formando, surgen contracturas, elongaciones, rupturas musculares, etc. Entonces, resulta evidente que hay una necesidad física, psíquica y orgánica de poner el organismo a punto para realizar un esfuerzo.

El calentamiento es el conjunto de actividades o ejercicios (de carácter general primero, y luego específicos) que se realizan antes de iniciar una actividad física que requiere un esfuerzo superior al normal a fin de conseguir un máximo rendimiento con un mínimo de riesgo de lesión.

Puede realizarse durante diez o veinte minutos antes de una sesión de entrenamiento, o incluso durante treinta, si es especial.

CARACTERÍSTICAS

El calentamiento debe ser prolongado pero no brusco, progresivo (lento al principio, acabará con un ritmo adecuado para enlazar con la actividad siguiente) y adaptado según la modalidad deportiva. Tendrá una duración de quince a treinta minutos, las pulsaciones estarán entre 90 y 120, y se alternará el movimiento estático con los desplazamientos, se realizarán de ocho a doce repeticiones y junto con carreras suaves, ejercicios de coordinación motora, flexibilidad y relajación, para finalizar. Se finalizará con aceleraciones.

Los beneficios que aporta al organismo, de forma resumida son: incremento del consumo de oxígeno; mejora de la coordinación neuromuscular; aumento de la fuerza, velocidad y resistencia, mejora de la flexibilidad; aumento de la concentración, y prevención de lesiones.

La realización de un adecuado calentamiento se puede dividir en seis partes. Un método a seguir para el calentamiento sería:

— carrera suave, con una duración de ocho minutos;
— ejercicios de desplazamiento, con una duración de cinco minutos, que comprenden carreras laterales con cruce de piernas y elevación alternada de las rodillas así como de los talones a los glúteos;
— ejercicios globales de desplazamiento (tres minutos): carrera suave con elevación de talones a los glúteos y brazos en círculo hacia delante; carrera con elevación de las rodillas y rotación de los brazos; carrera suave con elevación alternativa de rodilla y torsión del tronco, y repetición de todo lo anterior pero con inclinación del tronco y los brazos extendidos hacia arriba, en proyección del tronco;
— ejercicios analíticos, con una duración de tres o cuatro minutos: ejercicios de tobillos, ejercicios de rodilla y ejercicios de movilidad del tronco y la cadera;
— ejercicios de flexibilidad (figs. 20-28), con una duración de tres minutos: parte posterior, anterior e interna del muslo, gemelos y flexores de la cadera (elevadores del muslo);

 **CURSO DE ENTRENADOR DE FÚTBOL**

Calentamiento de abductores y bíceps

Calentamiento de los músculos isquiotibiales

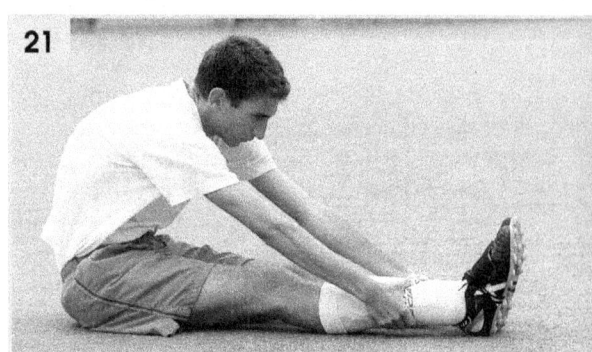

Ejercicio para calentar los isquiotibiales y los glúteos

Calentamiento de los abductores

LA PREPARACIÓN FÍSICA

Estiramiento del cuádriceps

Ejercicio de abductores

Calentamiento de abductores

Ejercicio de gemelos

Calentamiento de sóleo y cuádriceps

— ejercicios explosivos, con una duración de un minuto: ejercicios de salto, progresiones de 50, 70 y 100 metros, realizadas a un nivel de esfuerzo que oscilaría entre el 75 % y el 95 % de intensidad.

Después de realizar estos ejercicios, se dedicarán varios minutos a la recuperación, para que los efectos del calentamiento se produzcan. Se puede reducir el tiempo de calentamiento cuando la actividad que se va a realizar es liviana o de poca intensidad.

Formas de trabajo para el acondicionamiento general

Para la preparación y el acondicionamiento físico general se utilizan diferentes técnicas, como las carreras de distancia con un tren moderado creciente y decreciente. Estas carreras se realizan especialmente en parajes naturales y se alternan con las caminatas y la realización de ejercicios gimnásticos.

También son muy adecuados los deportes complementarios (ciclismo, remo, baloncesto, balonmano, fútbol, tenis, etc.) y los juegos.

En cuanto a los materiales, se pueden emplear balones, cuerdas, picas, aros, aparatos de gimnasia, etc.

Es preferible, siempre que sea posible, trabajar en ambientes naturales antes que en lugares cerrados, e incluso mejor que en el campo de juego. Tiene beneficios psicológicos evidentes.

Se puede trabajar en sala para el acondicionamiento, y también en circuitos de postas.

Un ejemplo de circuito sería el siguiente:

— número de postas: nueve;
— tiempo de trabajo: quince minutos;
— 1.ª posta: rotación de brazos hacia delante y hacia atrás (fig. 29);
— 2.ª posta: elevación de una pierna y de la otra, alternativamente, al frente y arriba, dando una palmada por debajo de la pierna (fig. 30);
— 3.ª posta: semiarrodillado, se realiza una rotación y una flexión lateral del tronco a la derecha y a la izquierda tocando con las manos el talón de la pierna retrasada; después se cambia de pierna (fig. 31);
— 4.ª posta: abdominales; el jugador, tumbado en posición supina, eleva simultáneamente el tronco y las piernas hasta que se toquen (figura 32);
— 5.ª posta: estirado el cuerpo en el suelo dorsalmente, con las piernas flexionadas 90 grados, se elevarán

LA PREPARACIÓN FÍSICA

Rotación de brazos hacia adelante y hacia atrás

Elevación de una pierna y de la otra alternativamente

Rotación y flexión lateral del tronco

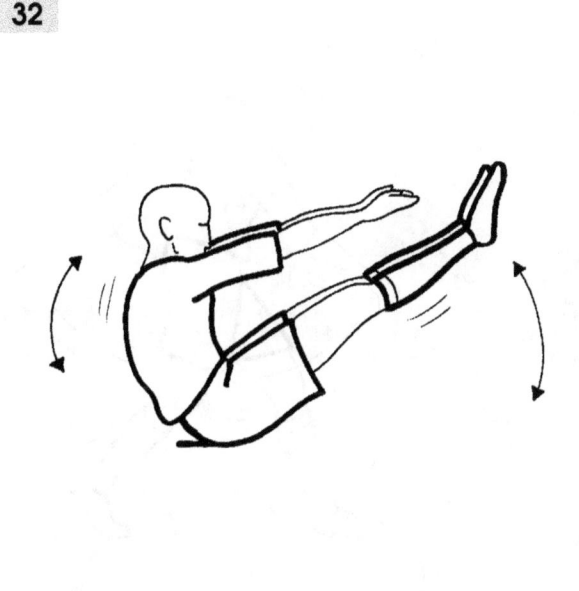

Ejercicio de abdominales

simultáneamente el brazo derecho y la pierna izquierda (fig. 33);
— 6.ª posta: arrodillado, inclinar el tronco hacia atrás (sin flexionarlo) y luego ligeramente hacia delante, sin perder el equilibrio (fig. 34);
— 7.ª posta: rotación total del tronco, a la derecha y otra a la izquierda, con los brazos extendidos (fig. 35);
— 8.ª posta: posición de tierra inclinada, flexión y extensión de brazos (fondos) (fig. 36);
— 9.ª posta: piernas abiertas, flexión de una pierna y extensión de la otra, en el plano lateral; al mismo tiempo se realizará una flexión lateral de tronco hacia el lado de la pierna estirada (fig. 37).

Este circuito se repetirá tres veces.

Si se desea, pueden hacerse cuantas modificaciones se crea conveniente, siempre y cuando se acomoden a las características del jugador.

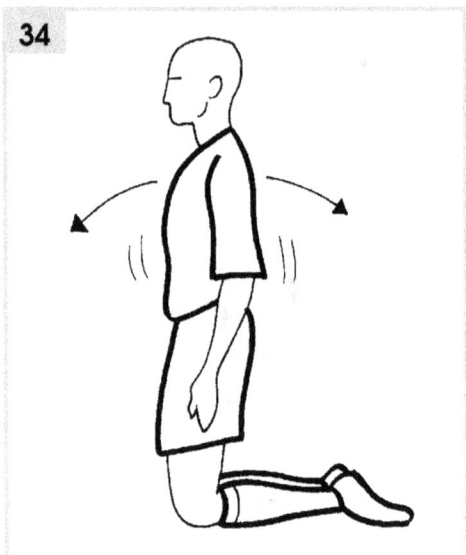

Inclinación del tronco hacia detrás y hacia delante

Rotación del tronco con brazos extendidos

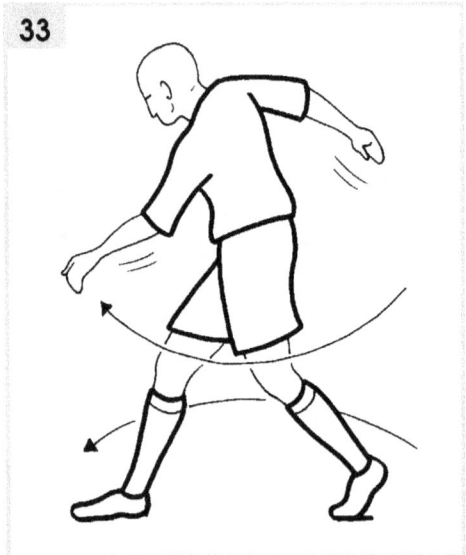

Elevación simultánea del brazo derecho y la pierna izquierda

LA PREPARACIÓN FÍSICA

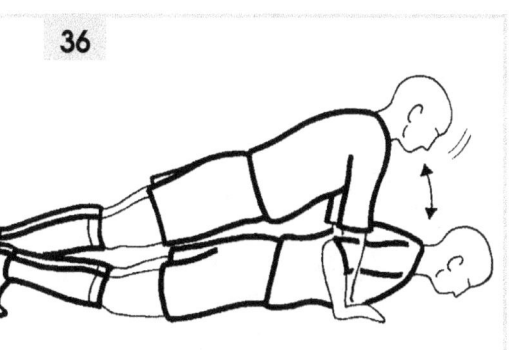

Fondos

Flexión y extensión en el plano lateral

Las capacidades físicas básicas

La condición física está relacionada con la condición técnica y táctica. Las cualidades físicas básicas (CFB), la fuerza (función muscular), la resistencia (capacidad fisiológica), la velocidad (cualidad del movimiento) y la flexibilidad (elasticidad y movilidad articular) son impres- cindibles en diversas intensidades para la práctica de un deporte. Así, según la especificidad del juego y las características de cada jugador, habrá que potenciar estas capacidades.

En el fútbol se puede recurrir a algunos ejercicios de trabajo físico específico como, por ejemplo:

— el movimiento pendular de la cintura a la hora de realizar fintas o dríbling, que exige una buena flexibilidad de la cintura y una musculación fuerte del tronco;
— un jugador sólo puede ejecutar golpeos fuertes si dispone de una buena capacidad de estiramiento en las articulaciones;
— los *sprints* con aceleración y saltos para jugar de cabeza no serían posibles si no se dispusiera de una musculación desarrollada;
— la capacidad de resistencia influye de manera muy notable cuando se tienen que realizar gestos técnicos o movimientos tácticos. Si se produce cansancio, la coordinación se resiente y los movimientos dejan de ser precisos y eficaces.

Estas CFB son predisposiciones fisiológicas innatas en el individuo, que se pueden medir y mejorar (fig. 38). Permiten que el jugador mantenga el tono postural y el movimiento. En el gráfico adjunto se puede apreciar cómo crecen y decrecen con la edad, según cómo se entrenen. La flexibilidad es la primera cualidad que se pierde con la edad, y la última es la fuerza.

Se puede decir que, dependiendo de la edad, las CFB son más entrenables o menos. En el cuadro de la página siguiente se observa a qué edades se puede efectuar carga de trabajo sobre cada una de las CFB.

CURSO DE ENTRENADOR DE FÚTBOL

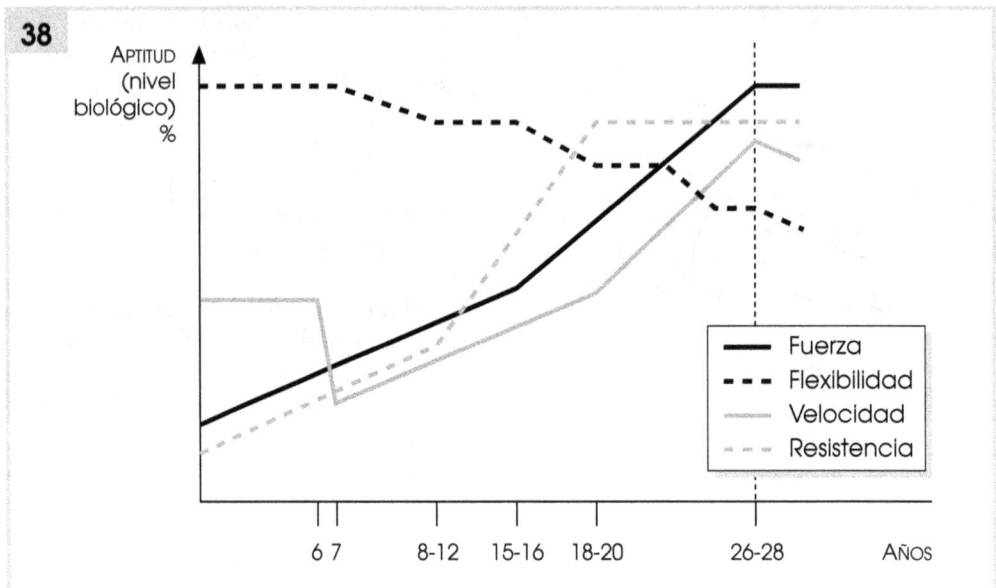

Las cualidades físicas básicas

ENTRENABILIDAD DE LAS CAPACIDADES FÍSICAS EN LAS DIFERENTES EDADES

Capacidades físicas / Edad (años)	6-10	10-12	12-14	14-16	16-18	Más
Fuerza máxima				○	○○	○○○
Fuerza explosiva			○	○○	○○○	○○○
Fuerza de resistencia			○	○○	○○○	○○○
Resistencia aeróbica	○	○○	○○	○○○	○○○	
Resistencia anaeróbica			○	○○	○○○	○○○
Velocidad de anticipación			○	○○	○○○	○○○
Velocidad de reacción	○	○○	○	○○	○○○	
Velocidad sin balón	○	○○	○○	○○○		
Velocidad con balón		○	○○	○○	○○○	
Flexibilidad	○○○	○○○	○○	○○	○○	
Coordinación	○	○○	○○	○○○	○○○	

- ○ Entrenamiento con poca carga de trabajo
- ○○ Entrenamiento básico de las capacidades físicas aumentando la carga de trabajo
- ○○○ Entrenamiento de rendimiento con alta carga de trabajo

LA PREPARACIÓN FÍSICA

La técnica hace que los esfuerzos sean menores a la hora de desarrollar el juego. La táctica es el uso inteligente de las capacidades técnicas y físicas.

Según lo comentado hasta aquí, cuando se habla de preparación física en el fútbol, no se puede aislar y parcelar el trabajo. Ha de acondicionarse al jugador, y las sesiones de entrenamiento han de comprender en su mayoría trabajo técnico, táctico y físico. De este modo, el trabajo físico estará orientado al juego y sus exigencias.

El trabajo de las capacidades físicas en el fútbol

La fuerza

La fuerza es la capacidad neuromuscular que permite superar una resistencia interna del propio cuerpo o externa, gracias a la contracción muscular, sea esta estática o dinámica.

Es una cualidad que depende exclusivamente de la musculatura. En el hombre existen aproximadamente 434 músculos, masa que corresponde en el adulto al 45 % del cuerpo. Mejorando la musculatura se mejoran también otras capacidades como la velocidad y la resistencia.

El trabajo con pesas aumenta el volumen muscular, lo cual es positivo para la velocidad. En el fútbol, habitualmente, no se ha trabajado mucho este aspecto, pero es muy beneficioso, en cuanto que el futbolista necesita fuerza y velocidad para adquirir potencia.

La fuerza de tipo general se refiere a todos los grupos musculares, en un desarrollo armónico. Si se habla de fuerza específica, se hace referencia a la fuerza manifestada de los grupos musculares propios de una disciplina deportiva. De este modo, hay que saber que se dan varios tipos de fuerza específica: fuerza máxima, fuerza-velocidad, fuerza-resistencia y fuerza relativa.

EVOLUCIÓN SEGÚN LAS EDADES

El papel de la fuerza y su entrenamiento en la niñez y en la adolescencia son muy importantes para optimizar las posibilidades en el futuro. Los estímulos en el desarrollo han de ser suficientes, porque si no el jugador puede verse mermado en sus posibilidades.

En el desarrollo de la fuerza hay que prestar atención a las particularidades de la evolución del organismo en la etapa de crecimiento:

— el sistema óseo, en las etapas iniciales, es más elástico, pero menos resistente a la presión y a la flexión;
— el aparato locomotor tiene una capacidad de carga menor, ya que el proceso de osificación acaba entre los 17 y los 20 años;
— la musculatura no está expuesta al sobreentrenamiento, y las lesiones se limitan a la parte pasiva del organismo.

Hasta los doce o los trece años, es decir, en la pubertad, el escaso nivel de desarrollo muscular alcanzado no permite emplear sobrecargas altas ni sistematizadas.

El proceso de musculación se realiza por el aumento de carga que supone el incremento de peso originado por el propio desarrollo del cuerpo. Generalmente se utilizan ejercicios por parejas (como tirar, empujar, luchar, etc.), siempre realizados en forma de juegos y sin sobrecargar en ningún momento la columna vertebral.

De los catorce a los dieciséis años se puede realizar un trabajo de sobrecargas para familiarizarse con las técnicas de trabajo, aunque no debe considerarse un entrenamiento continuo y sistemático.

De los diecisiete a los diecinueve años, ya se puede entrenar con pesas, pero no, en cambio, con cargas máximas o submáximas.

Desde los veinte a los veinticinco años, se utilizan sistemas rigurosamente estructurados, para desarrollar la fuerza general y específica que interesa a la especialidad deportiva.

Después de los veinticinco años se puede aplicar los máximos niveles de entrenamiento de la fuerza, siempre que las etapas anteriores se hayan desarrollado de la forma prevista.

La mujer asimila menos el entrenamiento de la fuerza, debido a su propia morfología.

La media del peso de los músculos de la mujer es de 23 kg, frente a los 35 kg del hombre. En consecuencia, hay que tener mucha precaución y dedicar bastante tiempo al trabajo genérico, retardando el específico.

En la tabla adjunta puede verse un cuadro explicativo en el que se indica la intensidad con la que debe entrenarse la fuerza en función de la edad y el sexo.

Sistemas de entrenamiento

La fuerza se puede trabajar tanto en el campo como en la sala. Los medios para entrenarla, que deben utilizarse de forma progresiva, son: autocargas, ejercicios por parejas, aparatos, espalderas, balones medicinales, pesas y pliometrías (multisaltos).

La metodología de entrenamiento puede seguir estos pasos: examen médico, preparación de pruebas para evaluar a los jugadores, planteamiento del número y la clase de ejercicios que deberán realizarse, establecimiento de la cantidad de trabajo, determinación del número de repeticiones y el de series que se realizarán, estudio de la velocidad de ejecución con la que se ejecutarán dichos ejercicios, establecimiento de la finalidad de cada entrenamiento, controlar el tiempo necesario de recuperación y el número de entrenamientos que serán convenientes para obtener los resultados deseados.

Intensidad de entrenamiento de la fuerza según la edad y el sexo

Tipos de fuerza	Edad (años)	10-12	12-14	14-16	16-18	18-20
Máxima	Chicos			●	● ●	● ● ●
	Chicas		●	● ●	● ● ●	● ● ●
De velocidad	Chicos		●	● ●	● ● ●	● ● ●
	Chicas	●	● ●	● ● ●	● ● ●	● ● ●
De resistencia	Chicos			●	● ●	● ● ●
	Chicas	●	● ●	● ● ●	● ● ●	● ● ●

LA PREPARACIÓN FÍSICA

Entrenamiento de la fuerza sin pesas

Para este tipo de entrenamiento se utiliza el peso del propio cuerpo o el de algún compañero, así como diversos aparatos de gimnasia (cuerdas, barras, bancos, escaleras, etc.).

Pueden verse algunos ejemplos de los ejercicios más usuales en las fotografías siguientes (figs. 39-44).

Flexiones de ambos brazos

Flexiones de brazos alternadas

 **CURSO DE ENTRENADOR DE FÚTBOL**

Flexiones de piernas

Flexiones de piernas con lanzamientos laterales alternos

Tracción de bancos

Tracción de cuerdas

LA PREPARACIÓN FÍSICA

Entrenamiento de la fuerza con pesas

Se utiliza mucho esta modalidad de entrenamiento para recuperar lesionados y para trabajar después del acondicionamiento.

Se suelen emplear balones medicinales, chalecos lastrados, zapatos de plomo, barras de halterofilia, pesas y mancuernas, sacos de arena de distintos tamaños, etc.

Es un trabajo propio de pretemporada. Como ejemplo, se proponen una serie de ejercicios con balón medicinal. Para su realización, se puede jugar con el peso, el número de repeticiones y el ritmo de ejecución (figs. 45-53).

Rotación del tronco con un balón medicinal. Posición de partida

Posición de esfuerzo e inicio del retorno

 **CURSO DE ENTRENADOR DE FÚTBOL**

Inclinación del tronco hacia la derecha

Inclinación del tronco hacia la izquierda

Inclinación del tronco hacia delante

Inclinación del movimiento

LA PREPARACIÓN FÍSICA

Desarrollo de los músculos abdominales y de las piernas

Desarrollo de los músculos abdominales y los brazos

Desarrollo de la musculatura abdominal y del tronco

La velocidad

Se puede definir como la aptitud de una persona para recorrer la mayor distancia posible en una unidad de tiempo establecida.

Sería la capacidad de realizar uno o varios movimientos en el menor tiempo posible, si bien, por lo general, se establece una diferencia entre velocidad y rapidez de movimientos. La primera depende directamente del tiempo, mientras que en la segunda, sin embargo, influye la intensidad y la aceleración de los movimientos. En el momento de preparar los ejercicios hay que tener en cuenta que no es posible prolongar un esfuerzo neuromuscular durante más de seis segundos.

Las fases del entrenamiento de la velocidad son: reacción, aceleración, mantenimiento de la velocidad máxima y resistencia a la velocidad.

Se puede entrenar la velocidad de reacción, la velocidad de desplazamiento (aceleración) y la velocidad gestual (fig. 54).

Hay que tener en cuenta, a la hora de entrenar la velocidad, que es importante adecuarla al uso de la técnica en el fútbol. Se debe lograr la velocidad máxima pero adecuada al gesto técnico.

El jugador ha de aprender los movimientos o gestos tipo a velocidad baja, para luego ir aumentándola progresivamente. Este trabajo debe estar relacionado con la técnica y la táctica.

EL ENTRENAMIENTO DE LA VELOCIDAD A DIVERSAS EDADES

En las fases de crecimiento, se suelen dar momentos sensibles en los que el jugador experimenta un desarrollo ostensible de una capacidad. Es en estos

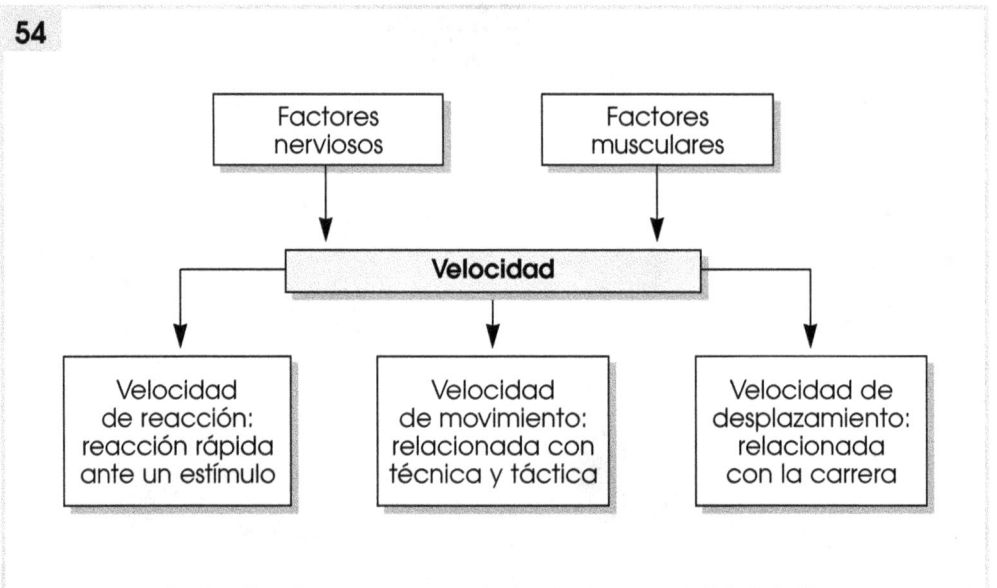

Factores y tipos de velocidad

LA PREPARACIÓN FÍSICA

momentos cuando se puede influir para que el jugador alcance en el futuro su máximo potencial.

Aproximadamente, de los seis a los ocho años el sistema nervioso ya ha madurado, por lo que este es el momento ideal para iniciar los juegos relacionados con la agilidad, la velocidad de reacción y la velocidad técnica o gestual.

De los diez a los doce años (prepubertad) se trabaja de una manera específica la velocidad de reacción y gestual.

De los trece a los dieciséis años se inicia un trabajo relacionado con la velocidad de desplazamiento en general.

A partir de los dieciséis años, se pueden realizar ya trabajos específicos de velocidad similares a los de los adultos.

Velocidad de reacción

Es la velocidad asociada a la reacción ante un estímulo concreto. En el fútbol se dan muchos estímulos ante los que hay que reaccionar. Por ejemplo, si se observa que un contrario realiza un mal control del balón, hay que reaccionar lo más rápido posible para arrebatárselo. También hay que reaccionar con rapidez a las señales de desmarque de los compañeros, para pasar la pelota a un espacio libre, etc.

Los jugadores han de aprender a reaccionar al estímulo correcto, y no deben permitir que el contrario los «engañe» (es decir, que reaccionen al estímulo que interesa para los fines del jugador atacante o defensivo).

Se considera una reacción simple, por ejemplo, la salida de un atleta ante un estímulo sonoro. Sin embargo se habla de reacción compleja cuando el jugador no conoce los estímulos a los que tiene que reaccionar. En los deportes colectivos se producen estas situaciones de forma continua.

Para entrenar este aspecto, se pueden seguir los ejercicios que se citan a continuación:

— cambios de distancia y ritmo, carreras tras móvil, *skipping* (sobre la pared, tendido en posición supina, prono, o con las piernas levantadas);
— ejercicios para mejorar la impulsión con zapatillas elásticas, trampolín, escaleras y cuestas, ejercicios de arrastre, etc.;
— ejercicios para mejorar los reflejos, como la salida sorpresa (fig. 55), las caídas y los despegues al sonido del balón o del silbato, las oposiciones o los desplazamientos violentos, las respuestas de grupo por carreras, por zonas, con reacciones individuales (que serán estímulos de percepción para el compañero) y de grupo;
— ejercicios de ataque consistentes en series de salidas lentas, paros y salidas amplias (salto, paro y salto); salidas lentas, paros, cambios de ritmo, salidas amplias, cambios a ritmo suave y saltos; salidas amplias, carreras en la misma dirección con cambio de ritmo, carreras en dirección opuesta y saltos;
— ejercicios de defensa consistentes en carreras suaves, saltos, carreras, vueltas hacia atrás, carreras libres, salidas rápidas *(skipping)*, carreras de apoyo con giro o andando, carreras al sonido, carreras con giros y tirarse al suelo;
— acciones de giro y golpeos a la voz (fig. 56), silbato, etc., en posiciones diferentes: tendidos en posición supina, de rodillas, tendidos en posición prona, sentados sobre el balón, etcétera.

 **CURSO DE ENTRENADOR DE FÚTBOL**

55

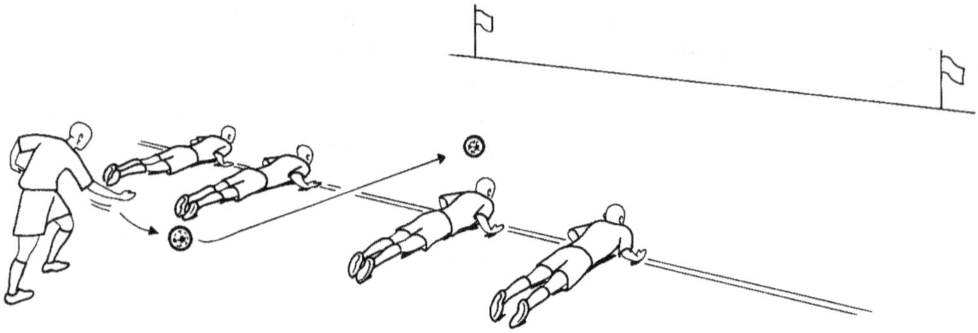

Ejercicios de velocidad de reacción
Ejercicios para entrenar la velocidad de desplazamiento. Elevación de piernas pisando el banco

56

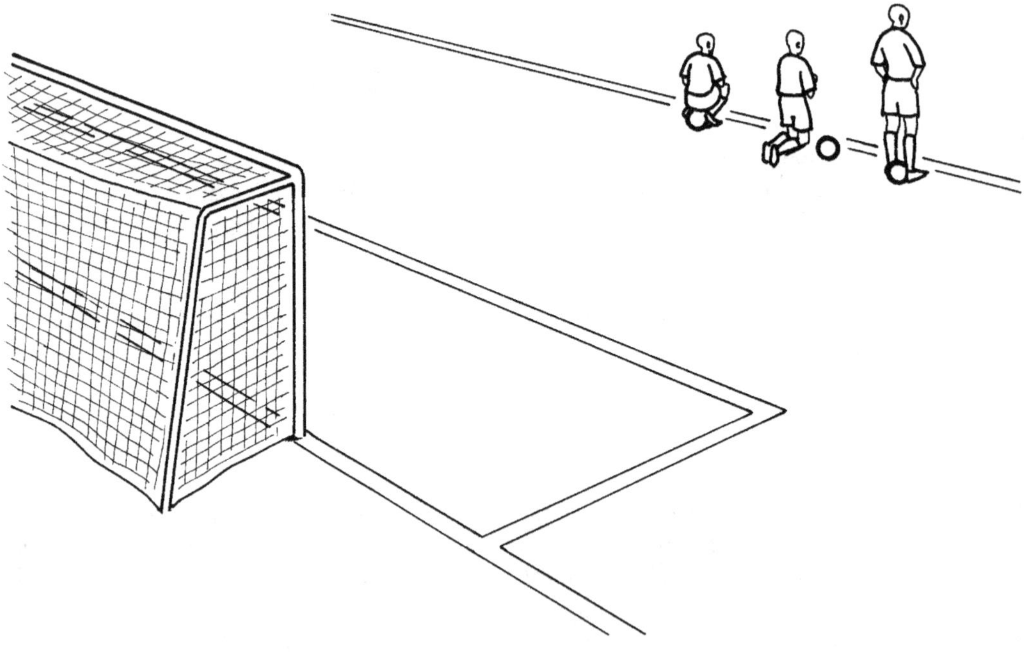

LA PREPARACIÓN FÍSICA

Velocidad gestual

Se trata de que los gestos técnicos se practiquen y se ejecuten con la máxima aceleración, de cara a mejorar el rendimiento en la competición. Es conveniente poner adversarios en cualquier acción técnica que se quiera entrenar en velocidad gestual.

De este modo, se pueden trabajar situaciones de cabeceo, interceptación, etc., o bien cualquier otra acción técnica.

Velocidad de desplazamiento

Es el espacio que se recorre en una unidad de tiempo. La forma más frecuente de desplazamiento en el fútbol es la carrera.

Hay que tener en cuenta que se hace muchas veces con balón, obstáculos, un terreno de juego en mal estado, etc.

Es preciso destacar tres aspectos en este tipo de velocidad: la amplitud de zancada, la frecuencia de la misma y la capacidad de coordinación. La fórmula de la velocidad de desplazamiento sería la longitud de las zancadas por la frecuencia de las mismas. Así, una buena zancada, coordinada, y desarrollada a buen ritmo, obtendrá una buena velocidad de desplazamiento.

A continuación se presentan algunos ejercicios que contribuyen a desarrollar este tipo de velocidad (figs. 57-65).

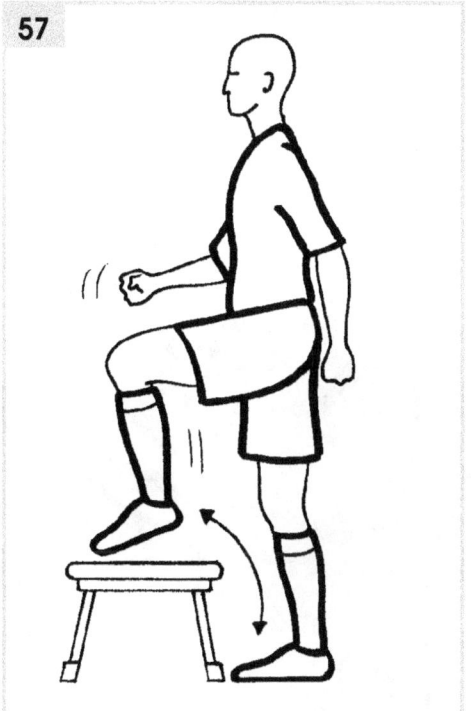

Sobre el terreno, sin moverse, movimientos alternativos, simulando la posición de carrera

Andando, saltar con base sobre el pie de apoyo. Acelerar el ejercicio hasta la carrera

Andando, flexión, balanceo de brazos y salto con los pies juntos, para seguir posteriormente andando

En flexión de piernas, con manos apoyadas en el suelo, se extienden las piernas alternativamente

LA PREPARACIÓN FÍSICA

Carrera hacia atrás

Carrera en zigzag

Carrera lenta, hacia delante y hacia atrás

Saltos, cambiando de ritmo

Tipos de resistencia

La resistencia

Es la capacidad de mantener la actividad total, moderadamente intensa, durante un periodo prolongado de tiempo, sin merma apreciable en el rendimiento y con un tiempo de recuperación rápido.

En el fútbol se entiende la resistencia como la capacidad de realizar acciones físicas, técnicas y tácticas durante 90 minutos, soportando la fatiga y sin que merme la calidad o cantidad de acciones que se realicen ni la capacidad de recuperación después del partido o el entrenamiento.

El trabajo de la resistencia hay que realizarlo de acuerdo con la edad. Es conocido el efecto beneficioso que sobre el organismo tiene, pues mejora de la adaptación cardiorrespiratoria, con todo lo que ello comporta en el rendimiento de un deportista. También aumenta la capacidad física general, mejora la capacidad de recuperación, disminuye el riesgo de lesiones, mejora la capacidad psíquica ante los esfuerzos de los partidos y hace que disminuyan los errores técnicos y tácticos.

Para trabajar este aspecto no hay que olvidar los principios de entrenamiento expuestos anteriormente en este mismo capítulo.

TIPOS DE RESISTENCIA

Generalmente se diferencian dos tipos de resistencia. En el cuadro adjunto pueden apreciarse las pautas de trabajo de ambas formas de resistencia (fig. 66).

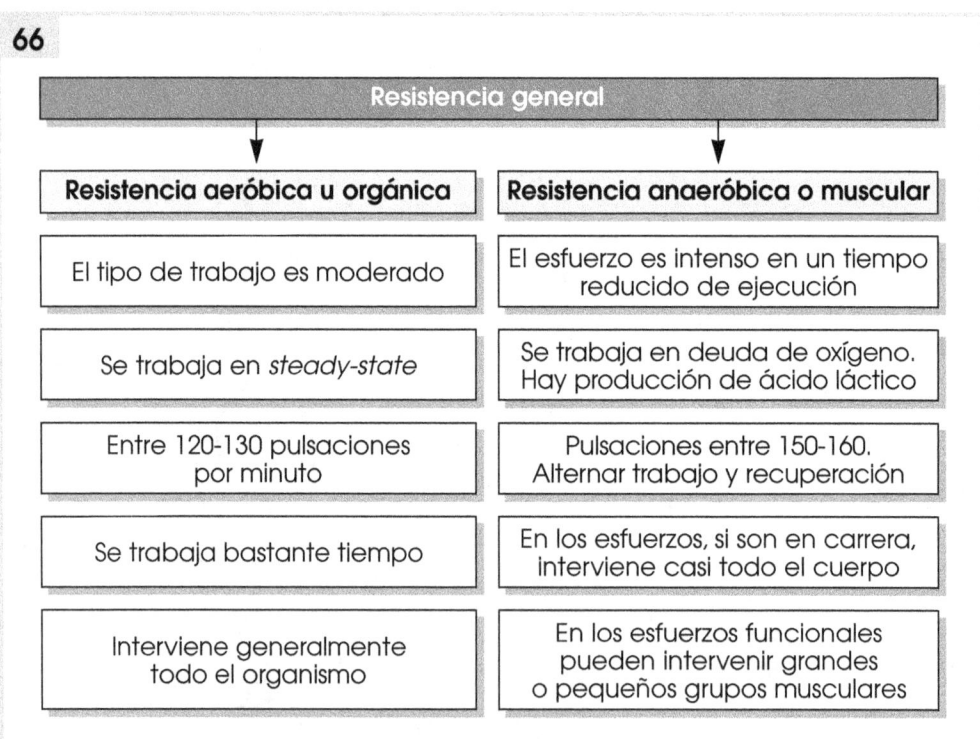

Estiramiento y fortalecimiento de la musculatura del tronco

LA PREPARACIÓN FÍSICA

Resistencia orgánica o aeróbica

Es la capacidad de aguantar esfuerzos suaves o medios (en equilibrio de aporte de oxígeno) durante un largo periodo de tiempo.

El objetivo de entrenar este tipo de resistencia es aguantar un partido de 90 minutos sin que merme la eficacia de los gestos técnicos y tácticos.

Las características de este tipo de esfuerzo son:

— son esfuerzos de larga duración (superior a dos minutos);
— se trabaja en equilibrio de aporte y consumo de oxígeno;
— su intensidad es baja o moderada;
— las pulsaciones se sitúan entre 120 y 140 por minuto (capacidad aeróbica) como mínimo, y 160 y 180 como máximo (potencia aeróbica), aproximadamente;
— la vía energética utilizada es la oxidación de hidratos de carbono y lípidos.

Un ejemplo de la resistencia aeróbica son las pruebas de atletismo de 5.000 y 10.000 metros.

Resistencia muscular o anaeróbica

Es la capacidad de aguantar esfuerzos intensos o anaeróbicos (en deuda de oxígeno) el máximo tiempo posible.

El objetivo de desarrollar este tipo de resistencia es poder aguantar esfuerzos de carrera con sus intensidades, duraciones y reiteraciones, así como los gestos que se plantean durante los 90 minutos de partido.

Las características de este tipo de resistencia son las siguientes:
— se realiza a una intensidad del 100 %;
— la duración del esfuerzo es de 0 a 10 segundos (o incluso 20 segundos, según algunos expertos);
— las pulsaciones se sitúan en torno a las 180 por minuto;
— la vía energética utilizada es el ATP muscular y las reservas de oxígeno de la musculatura;
— son esfuerzos de corta duración y máxima intensidad (saltos y lanzamientos);
— la recuperación ha de ser absoluta (es decir, por debajo de 120 pulsaciones) para reanudar el trabajo. Se ha de llegar a las 120 pulsaciones al minuto o minuto y medio de reposo.

Ejemplos de este tipo de resistencia son las pruebas atléticas de 60 o 100 metros y las de lanzamientos o de saltos. En el fútbol se incluirían aquí todas las acciones explosivas, especialmente las que se llevan a cabo en la mayoría de los casos cuando se disputa la pelota.

Velocidad de resistencia

Es la capacidad de resistir esfuerzos de velocidad. Se contemplan dos aspectos: la velocidad y la resistencia (un tipo de resistencia anaeróbica).

El objetivo es poder soportar una distancia más o menos larga a máxima velocidad, y superar la fatiga aguantando repetidas carreras a máxima velocidad.

Las características de este tipo de trabajo son:

— la duración del esfuerzo será de 10 o 20 segundos hasta 2 o 3 minutos;
— la intensidad es submáxima, y se alcanzan 140 o 160 pulsaciones por minuto, llegando en ocasiones a las 200;
— la vía energética a la que se recurre

CURSO DE ENTRENADOR DE FÚTBOL

en estos casos es la degradación de glucosa de forma impura por falta de oxígeno, lo que provoca la aparición de ácido láctico y ácido pirúbico (síntoma de fatiga);
— las exigencias de oxígeno son superiores a las aportaciones; por tanto, se trabaja con deuda de oxígeno, que una vez finalizado el ejercicio se recupera;

— la recuperación ha de ser de 90 a 120 pulsaciones que se han de alcanzar en dos o tres minutos (a veces se pueden precisar cuatro o cinco).

Ejemplos de este tipo de resistencia son las carreras de medio fondo, de 400, 800 y 1.000 metros como máximo. En el fútbol vemos un ejemplo en los esfuerzos prolongados y repetidos o en las fases del partido con mucho ritmo.

CARACTERÍSTICAS DE LOS DISTINTOS TIPOS DE ESFUERZO

	Tipo de esfuerzo	Pulso-Fc	Deuda de O_2	Duración del esfuerzo	Recuperación	Causa de la fatiga
Resistencia anaeróbica aláctica	Intensidad máxima: **Esfuerzos máximos de corta duración.**	180 p/min y más.	ATP y CP.	De 5 a 6 segundos o bien de 10 a 15.	Sobre 120 o entre 1 y 3 minutos.	Alteración SNC.
Resistencia anaeróbica láctica	Intensidad submáxima: **Esfuerzos cortos.**	Más de 140 p/min e incluso 200 p/min.	Fin del ciclo de la glucosa. Se finaliza la formación de ácido pirúvico y láctico.	Entre 30 segundos y 1 minuto.	Frecuencia cardiaca hasta 90 p/min (durante 4 o 5 minutos).	Aporte de O_2 insuficiente. Aumento de ácido láctico. Progresiva disminución de las reservas alcalinas.
Resistencia aeróbica	Intensidad media: **Esfuerzo de larga duración y poca intensidad.**	Entre 120 y 140 p/min, si bien puede llegar a 170 p/min (máxima potencia aeróbica).	Oxidación completa de ácido pirúvico por glucogenólisis aeróbica. El aporte y el gasto de O_2 se equilibran.	Desde 3 o 5 minutos en adelante.	En esfuerzos de poca duración apenas es necesaria. Cuando se trabaja sobre 160 o 170, entre 3 y 5 minutos.	Uso de las reservas. Disminuye el azúcar en la sangre y se pierden sales orgánicas. Se produce un gran desequilibrio iónico.

LA PREPARACIÓN FÍSICA

El entrenamiento de la resistencia a distintas edades

En la evolución del jugador, desde que es un niño, se producen momentos críticos donde desarrolla orgánicamente esta cualidad. Esos momentos hay que aprovecharlos y saber potenciarlos y cuidarlos.

La resistencia aeróbica se puede trabajar con equipos benjamines o prebenjamines, alevines, etc. A edades tempranas, el niño no tiene la voluntad desarrollada, y cuando se cansa se para. Esto evita cualquier riesgo de sobrecarga.

Un buen desarrollo de esta cualidad ya desde edades tempranas beneficia mucho al resto de cualidades.

La resistencia anaeróbica también se puede trabajar en edades tempranas, con velocidad gestual y de reacción. No existe ningún problema para desarrollar esta capacidad a partir de equipos de benjamines, siempre que no se hagan ejercicios de fuerza explosiva (potencia).

Por último, la velocidad resistencia se realiza con deuda de oxígeno. Por tanto es conveniente no insistir en esta resistencia hasta infantiles o cadetes (12 y 13 años). Un trabajo excesivo sería antibiológico y tendría consecuencias negativas para el jugador.

Ejercicios de entrenamiento de la resistencia

En general, se practican sistemas de entrenamiento para la resistencia como: la carrera continua, el *fartlek*, las cuestas, el entrenamiento de duración, los métodos interválicos (*interval training* y repeticiones), los circuitos (*circuit training*), la velocidad pura, etc.

La resistencia aeróbica se puede practicar del siguiente modo:

— una carrera de resistencia por el campo, siempre a la misma velocidad y con baja intensidad, manteniendo de 140 a 150 pulsaciones por minuto (nivel aeróbico), durante 30 o 40 minutos;
— una carrera similar a la anterior, pero aumentando la intensidad de 150 a 170 pulsaciones por minuto (umbral aeróbico), durante 20 o 30 minutos;
— una carrera en la que se aumente y se disminuya la velocidad; las pulsaciones por minuto variarán;
— carreras alrededor de un cuadrado de 4 × 50 m, en un tiempo determinado controlado con una señal acústica en cada esquina;
— todos los ejercicios, en forma de juegos, desde un cinco contra cinco hasta un ocho contra ocho;
— un entrenamiento de la técnica, sin descansos; por ejemplo: pases sin parar, a una distancia de 30 a 40 metros, pasando el balón al compañero que se encuentra siempre en desplazamiento.

A continuación veremos unos ejemplos de entrenamiento de la resistencia anaeróbica:

— todas las formas que sirven para el entrenamiento de la fuerza de resistencia y la velocidad realizadas a intervalos y de forma intensa;
— por medio de partidos con pocos jugadores (uno contra uno o dos contra dos);
— resultan útiles también los ejercicios complejos de mucha intensidad y las carreras de relevos sin balón.

La flexibilidad

La flexibilidad es la capacidad, mayor o menor, de los segmentos óseos que concurren en una articulación para moverse hasta los límites más amplios.

Para trabajarla hay que tener en cuenta las limitaciones articulares y la flexibilidad muscular del jugador. Se dan diferencias por herencia genética, sexo, raza, edad, y según el tipo de actividad que se practique en la vida deportiva o profesional. Trabajar este aspecto es muy importante para ejecutar el gesto técnico en el fútbol y evitar lesiones musculares.

El desarrollo de flexibilidad presenta aspectos positivos y negativos que pueden aparecer con el trabajo excesivo y la práctica del fútbol. En el cuadro que se presenta a continuación se pueden observar de una forma gráfica.

Entrenamiento según la edad

Los niveles de flexibilidad van disminuyendo con la edad. Hasta los diez años son bastante elevados, pero cuando el jugador llega a la pubertad empiezan a decrecer. Al llegar a los 20 o los 22 años los niveles de flexibilidad son del 70 al 75 %; a partir de los 30 años, el decrecimiento es muy acusado.

Etapa de gimnasia de las articulaciones (de 0 a 13 años)

Se recomienda trabajar la flexibilidad desde la segunda infancia (de 5 a 7 años) hasta la pubertad, mediante la flexibilidad pasiva.

En un segundo momento, en la tercera infancia (de 8 a 13 años en los niños y de 8 a 12 años en las niñas) ya se puede trabajar la flexibilidad activa, ya que el aumento de la fuerza es considerablemente alto y nos permite trabajarla.

Desarrollo máximo y especialización (de 12 a 18 años)

Durante esta etapa el entrenador deberá desarrollar la flexibilidad hasta llegar a los niveles que exige el deporte en cuestión (en este caso, el fútbol).

Etapa de mantenimiento del nivel conseguido (de 18 a 30 años)

El entrenador, durante esta etapa en la que el desgaste es cada vez mayor, deberá esforzarse para que sus jugadores alcancen los niveles de flexibilidad máximos y los mantengan de la mejor manera posible.

Aspectos positivos y negativos de la flexibilidad	
Positivos	*Negativos*
Prevención de lesiones	**Puede suponer luxaciones**
Favorece la coordinación entre musculatura agonista y antagonista	**Falta de función tónica**
Favorece la contracción muscular	**Desgarramiento de las zonas óseas**
Favorece el trabajo técnico	**Problemas específicos**

LA PREPARACIÓN FÍSICA

Tipos de flexibilidad

Existen diversos métodos de clasificación cuya comprensión exige ciertos conocimientos morfológicos y fisiológicos previos. Con todo, para hacerse una idea, pueden establecerse dos tipos de flexibilidad:

— *dinámica:* es la mayor amplitud de movimiento de una articulación que el jugador es capaz de realizar sólo con la musculatura implicada (agonista);
— *estática:* es la mayor amplitud de movimiento de una articulación que el jugador es capaz de realizar con la ayuda de fuerzas externas (compañero, pelota, etc.), estirando la musculatura opuesta de esta articulación.

Los sistemas de entrenamiento de la flexibilidad

Actualmente, para mejorar la movilidad articular, han dado buenos resultados tres técnicas diferentes de estiramientos de los músculos.

Método dinámico

El alargamiento y acortamiento del músculo no se mantiene. Los movimientos obtenidos con este método son oscilantes, balanceantes y elásticos y llegan al tope de la posición articular. De este modo el músculo aprende a no sobreestirarse y se entrena la flexibilidad activa. Es muy importante para los movimientos rápidos que tanto se dan en el fútbol.

Para practicarlo se realizan movimientos de rotaciones, lanzamientos (simulaciones), presiones y rebotes.

Método estático

Se estiran determinados grupos musculares, fortaleciéndolos con ayuda de un compañero. Es más eficaz que el método activo. El inconveniente es que no se fortalecen los músculos agonistas. Además existe el riesgo de lesión si el compañero no está suficientemente atento a las sensaciones del jugador al que ayuda.

El estiramiento de stretching

De los seis tipos de *stretching,* se aplican dos en el fútbol.

El estiramiento resistente. En los ejercicios estáticos no hay que llegar a un estiramiento límite, sino sólo hasta que se produzca una sensación de «tirantez». Esta posición se debe mantener entre 15 y 30 segundos sin movimientos. Se puede repetir el ejercicio dos o tres veces con una ligera mayor amplitud. Esto estimula el metabolismo local y la circulación sanguínea.

Estos ejercicios pueden realizarse antes y después de una sesión de entrenamiento. Deben formar parte, como elementos de mantenimiento de la elasticidad y movilidad, de cualquier unidad de entrenamiento.

El *stretching* por contracción relajación consiste en disminuir la actividad del músculo estriado por procedimiento de cansancio, inhibiendo así su capacidad para crear una tensión opuesta al estiramiento realizado.

Se trata de realizar una extensión estática entre 5 y 15 segundos, con una fuerza de contracción entre el 40 y el 75 % de la fuerza máxima. Luego seguirá un periodo de relajación consciente de 2 y 5 segundos y estiramiento suave del músculo previamente contraído.

Este método ofrece excelentes posibilidades para estirar las estructuras que limitan el movimiento.

Ejercicios prácticos
de entrenamiento de la flexibilidad

Para trabajar la flexibilidad pueden realizarse los siguientes ejercicios.

1. El jugador, de pie, se sienta y se arrodilla. A continuación oscila los brazos hacia delante, en cruz, arriba, atrás y con rebotes.

2. Se realizan giros de 90°, 180° y 360°, a la derecha y a la izquierda, mientras se bota.

3. Se flexiona una pierna mientras lanza la otra hacia un lado. Es preciso alternar los movimientos en cada pierna.

4. De pie, se lanza la pierna hacia atrás y, mientras se flexiona el tronco, se intenta tocar la nuca con el tacón. Es preciso alternar los dos movimientos.

5. Mientras se corre al trote, se flexionan las rodillas hacia dentro.

6. Colocados por parejas, un jugador sujeta el talón de su compañero mientras este flexiona el tronco hacia delante. A continuación se cambia de pierna y de pareja, procurando hacer flexiones a un lado y a otro. Por último se realizarán unos rebotes.

7. Se repite el ejercicio anterior, pero girando en un sentido o en otro.

8. El jugador se coloca en posición supina, con los brazos y las piernas abiertos, e intenta llevar el pie derecho a la mano izquierda. A continuación, se cambiará de lado.

9. Semiarrodillado, el jugador extenderá una pierna hacia un lado e inclinará el tronco mientras eleva el brazo contrario. Después, realizará unos rebotes.

10. El jugador reptará por el suelo.

11. Los jugadores realizarán la «danza apache» elevando alternativamente el brazo y la pierna contrarios.

12. Paso de vallas bajas. El movimiento se realiza en el suelo.

13. «El gato»: a cuatro patas, se debe inclinar el tronco abajo y adelante y hacia atrás y arriba con rebote.

14. Paso del cuadro sueco.

15. Acciones en cama elástica.

16. Volteretas en colchoneta o césped, hacia atrás y hacia delante.

17. «La campana»: con el cuerpo en posición supina y las piernas y los brazos abiertos, se tocan las manos y los pies y viceversa, sin paredes.

18. Rodar de costado hacia la derecha y la izquierda.

19. Se colocan los jugadores por tríos: dos cogen por los tobillos y las muñecas al tercero y lo sacuden como si fuera una manta.

20. Se fuerzan individualmente los tobillos, las muñecas, las rodillas, etc., de manera suave, sin brusquedad.

LA PREPARACIÓN FÍSICA

21. Se colocan los jugadores por parejas y uno de ellos se agacha. El que está de pie pasa la pierna en un sentido y otro por encima del compañero.

22. Se realiza un ejercicio de ocho tiempos (flexibilidad general) siguiendo esta secuencia: manos a tierra, extensión de piernas hacia atrás, flexión de brazos, elevación de una pierna, nueva flexión de brazos, elevación de la otra pierna, recogimiento de piernas y ponerse de pie.

Pueden verse algunos ejercicios de flexibilidad en las fotografías siguientes (figs. 67-75).

Estiramientos de los gemelos

Estiramientos de los flexores de la rodilla

Estiramiento de la musculatura extensora de la cadera

 **CURSO DE ENTRENADOR DE FÚTBOL**

Estiramientos de las extremidades inferiores, del tronco y de la espalda

Estiramiento de los extensores de la rodilla

Estiramientos activos de los abductores

LA PREPARACIÓN FÍSICA

Estiramientos activos de la musculatura de la cadera

Stretching *de los abductores*

LA TÉCNICA INDIVIDUAL: EL TRABAJO DE LOS RECURSOS TÉCNICOS

La técnica individual es aquel conjunto de acciones que un jugador desarrolla para dominar y jugar el balón con todas las superficies de contacto que permite el reglamento. Si dichos recursos técnicos se utilizan para beneficio propio, se hablará de técnica individual. Si el jugador los utiliza, en cambio, para beneficio del conjunto, se tratará de técnica colectiva.

Las cualidades técnicas se aprecian en el dominio del balón cuando es jugado, en la velocidad de ejecución, en la orientación de las acciones y en la utilización de los gestos.

Principios elementales

Para hablar de técnica, es preciso tener en cuenta los siguientes requisitos:

— adecuada colocación en la trayectoria del balón;
— buena concentración en el juego del balón;
— un dominio del cuerpo, sobre todo en lo que se refiere al equilibrio, la coordinación y la flexibilidad, ya que permitirá hacerse con el balón o beneficiar a un compañero;
— destreza para llevar a término la acción.

Es difícil mejorar la técnica; para ello, es preciso perseverar hasta conseguir un excelente dominio de la ejecución de los gestos. No obstante, gracias a la destreza y el trabajo se desarrollan notablemente las capacidades técnicas individuales.

El entrenamiento técnico ha de estar relacionado con la preparación física y táctica. Además, hay que pensar en acciones colectivas que sean útiles al equipo. Finalizar mal, no pasar atrás cuando conviene o intentar algo muy difícil no asegura que el trabajo técnico esté bien hecho, puesto que decidir la acción más adecuada forma parte del conjunto de condiciones que debe desarrollar un jugador para disponer de una buena técnica.

El objetivo final es conseguir realizar la acción lo más rápido posible, teniendo un rival delante. En consecuencia, la velocidad y el tiempo son dos factores que actúan en contra de la técnica.

Recursos técnicos

El control

Es la acción técnica mediante la cual un jugador se hace con el balón, dominándolo y dejándolo en una buena posición y

LA TÉCNICA INDIVIDUAL: EL TRABAJO DE LOS RECURSOS TÉCNICOS

en condiciones de ser jugado de inmediato.

El control del balón debe practicarse a diario en los entrenamientos, ya que los equipos cuyos jugadores lo dominan serán más seguros, veloces y ofensivos en las acciones del juego.

Actualmente es imprescindible realizarlo de forma correcta, dado que al conjunto se le ofrece un beneficio técnico importante.

Es muy importante, además, distinguirlo de la habilidad, ya que a diferencia del control, que se realiza con uno o dos contactos, esta necesita algunos más.

Hace unos años, las acciones se sucedían así: primero se paraba el balón, luego se miraba la situación del juego y, finalmente, se pasaba o se jugaba individualmente.

Actualmente, debido a la gran velocidad y oposición que se desarrolla en el juego, la forma de actuar ha de ser diferente: primero se mira, luego se controla el balón y, en un tercer momento, se pasa o se finaliza la acción.

Las cualidades necesarias en un jugador de fútbol para que pueda realizar un correcto control son tener un buen equilibrio, una coordinación de movimientos, estar atento y tener visión sobre el balón, y una gran flexibilidad muscular y articular.

Las superficies de contacto con las que se puede realizar el control son todas las que permite el reglamento, a saber:

— con el pie: la planta, el interior (figura 76), el empeine (fig. 77), el exterior (fig. 78), el talón y la puntera;
— con el cuerpo: la espinilla (fig. 79), el muslo (fig. 80), el abdomen, el pecho (fig. 81) y la cabeza.

Control con el interior del pie

Control con el empeine

 CURSO DE ENTRENADOR DE FÚTBOL

Control con el exterior del pie

Control con la espinilla

Control con el muslo

Control con el pecho

LA TÉCNICA INDIVIDUAL: EL TRABAJO DE LOS RECURSOS TÉCNICOS

Aspectos básicos para realizar un buen control

El jugador deberá tener en cuenta lo siguiente:

— atacar el balón en lugar de esperarlo;
— relajar totalmente la superficie de contacto con la que se realice el control;
— ejecutar el gesto con seguridad en la superficie de contacto que intervenga;
— orientar la posición respecto al adversario antes de recibir el balón, decidiendo de antemano la acción que luego se va realizar.

Tipos de control

Existen dos categorías: clásicos (parada, semiparada y amortiguamiento) y orientados (doble control con finta, con dríbling, control-pase, etc.).

Controles clásicos

Se realizan sin tener en cuenta el sentido de la orientación del juego. Obligan a realizar posteriormente otra maniobra para enlazar con la acción subsiguiente, lo cual hace que el juego resulte al final más lento, a diferencia del control orientado.
Existen diversos tipos:

— *amortiguamiento:* consiste en restar velocidad al balón mediante el retroceso de la superficie de contacto; esta acción puede realizarse ante balones de cualquier procedencia, sean altos o rasos, así como con todas las superficies que permite el reglamento, ya que de este modo se resta velocidad al balón y se consigue el control del mismo (fig. 82);
— *semiparada:* con este control el balón no se inmoviliza totalmente, y se realiza con cualquier superficie de contacto del pie (interior, exterior, planta, etc.) y ante balones rasos y rebotados; se trata de un gesto que ya imprime cierta velocidad al juego (fig. 83);
— *parada:* es el control que inmoviliza totalmente un balón raso o alto, sirviéndose de la planta del pie generalmente; apenas se realiza por la lentitud que imprime al juego (fig. 84).

Controles orientados

El objetivo de este tipo de controles es adueñarse del balón confundiendo al adversario; así, el jugador que lo realiza puede orientar el juego donde y como crea más conveniente. Deben hacerse mediante un solo contacto. Dado que imprimen una gran velocidad al juego, resultan muy beneficiosos para el conjunto. Teniendo en cuenta que exigen una gran precisión, deben entrenarse intensamente dada su dificultad.

Jugador	Balón	Clase control
Parado	**Estático**	**Parada**
En movimiento	**Estático**	**Semiparada**
En movimiento	**En movimiento**	**Amortiguamiento**

Ejercicios para desarrollar el control del balón

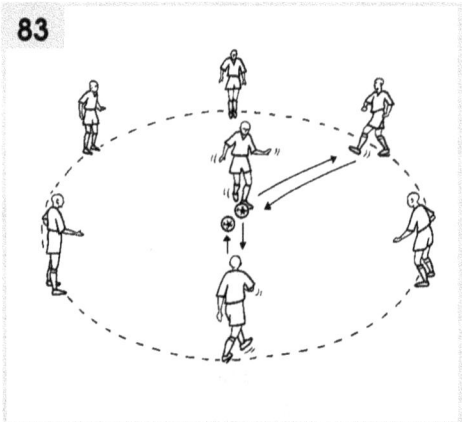

Rondo para desarrollar el pase y control

Parada

ENTRENAMIENTO DE LOS CONTROLES

El jugador deberá entrenarse en movimiento y se evitará todo trabajo estático. El dominio de esta acción ha de permitir que el jugador se adueñe del balón en cualquier circunstancia.

Para progresar, el jugador habrá de realizar el mayor número de contactos posibles y utilizar todas las superficies de contacto.

Ha de entrenarse en encadenamientos técnicos (control y regate, control y tiro, y control y finta).

LA TÉCNICA INDIVIDUAL: EL TRABAJO DE LOS RECURSOS TÉCNICOS

Control clásico

El programa de entrenamiento del control clásico es el siguiente:

1. *Trabajo de adaptación.* Se reparte un balón por jugador, se eleva con las manos y se realizan paradas con todo el empeine, semiparadas con el interior del pie, con el exterior, con el muslo y con el pecho y amortiguamientos con la cabeza.

2. *Paradas (por parejas).* Se pasa el balón raso, medio y alto. Se para con todo el empeine, luego con el interior y el exterior, con el muslo, el pecho y finalmente con la cabeza.

3. *Semiparadas (por parejas).* Se realizan pases rasos, medios y altos con el pie y semiparadas con todo el empeine, con el exterior del pie, con el interior, con los muslos, con el pecho y con la cabeza.

4. *Amortiguamiento (por parejas).* Los jugadores se pasan el balón (raso, medio y alto) con el pie y amortiguan el balón con todo el empeine, con el interior del pie, con el exterior, con los muslos, con el pecho y con la cabeza.

Control orientado

El programa de entrenamiento del control orientado es el siguiente:

1. Se realizan ejercicios en los que se reciban pases rasos, medios y altos, así como un doble control.

2. Se efectúan ejercicios en los que se reciban pases rasos y medios, un control con el pecho y un engaño con el interior y exterior del pie.

3. Se practican ejercicios en los que se recibirán pases rasos, medios y de cabeza, realizados con engaño y con el interior y el exterior del pie.

Habilidad y destreza

La habilidad y la destreza son capacidades de dominar el balón en el suelo o en el aire utilizando para ello más de dos contactos.

Esta acción ha de tener la finalidad de superar a uno o más adversarios y facilitar el juego de los compañeros. Se puede realizar en posición estática o dinámica.

El jugador hábil es en cierta manera un malabarista, pero se diferencia de este en que, con el uso del recurso de la habilidad, persigue el beneficio del conjunto. Este recurso está pensado para las acciones ofensivas, no para realizar en zona de acción defensiva, puesto que entraña mucho riesgo.

Las superficies de contacto que se pueden utilizar son todas las partes del cuerpo, excepto las extremidades superiores.

Aprendizaje y mejora

La acción es individual y su entrenamiento, esencialmente, también. Hay que realizar un trabajo continuo hasta conseguir cierta automatización, si bien deben fomentarse la imaginación y la fantasía.

Para aprender y mejorar hay que tener presente la posición del jugador y la superficie de contacto a la hora de ejecutar los ejercicios de entrenamiento. De este modo, la progresión a la hora de entrenar este recurso es:

— realizar toques a una altura máxima y mínima;
— combinar los toques con las dos piernas con distintas superficies de contacto y en distintas posiciones de partida;
— alternar, según las indicaciones del preparador;
— disponer obstáculos estáticos y luego obstáculos en movimiento.

Para un completo desarrollo, se elegirán movimientos con oposición estática, después con oposición dinámica y, finalmente, con oposición activa de un compañero en juego real.

Ejercicios

Para desarrollar la habilidad estática, habrá que dominar el balón de las siguientes maneras (figs. 85-91):

Habilidad con el interior del pie

Habilidad con el empeine

Habilidad con el exterior del pie

LA TÉCNICA INDIVIDUAL: EL TRABAJO DE LOS RECURSOS TÉCNICOS

Habilidad con el muslo

Habilidad con el hombro

Habilidad con el pecho

Habilidad con la cabeza

— con las dos piernas;
— con las dos piernas y los muslos;
— con las dos piernas, los muslos, el pecho y los hombros;
— con las dos piernas, los muslos, el pecho, los hombros y la cabeza.

Para mejorar la habilidad con el bote del balón y sin el bote, habrá que practicar las siguientes series:

— pierna derecha, interior del pie, talón exterior, empeine;
— pierna izquierda, interior del pie, talón exterior, empeine;
— pierna izquierda y derecha, elevando el balón a la cabeza y bajarlo parándolo;
— pierna izquierda y derecha, elevando el balón a la cabeza y bajarlo con una semiparada;
— pierna izquierda y derecha, elevando el balón a la cabeza y bajarlo con un amortiguamiento.

Para practicar la habilidad con el balón por el suelo, deberán realizarse los siguientes ejercicios:

— tocar con la pierna derecha y la izquierda, con el interior y exterior (regate);
— tocar con la pierna derecha y la izquierda, pisar, amagar, sacar por detrás del pie de apoyo y elevar el balón.

Para desarrollar la habilidad dinámica, hay que realizar las siguientes series:

— piernas derecha e izquierda, conducción, engaño, doble toque, interior, exterior y pisar el balón;
— piernas derecha e izquierda, conducción, pisar el balón, girar por encima y cambiar de pierna;
— piernas derecha e izquierda, conducción, pisar el balón y elevarlo;
— piernas derecha e izquierda, conducción, pisar y elevar por encima del contrario.

Para practicar la habilidad en los pases es preciso realizar los siguientes ejercicios:

— con el balón parado, pasarlo (raso, medio y alto) con efecto, eludiendo la oposición por los laterales;
— con el balón en movimiento, realizar pases laterales, por encima, cortando el bote, y con efecto;
— dominar el balón (suelo) y pasar por detrás de la pierna de apoyo.

Por último, para dominar la habilidad con la cabeza, deben practicarse los siguientes ejercicios:

— pasar el balón con el frontal y el occipital y realizar un control (con tres jugadores);
— pasar el balón con el occipital y el frontal, dominar y pasar (con cinco jugadores, uno de los cuales estará en el centro).

La conducción

Cuando se realiza un control y manejo del balón haciéndolo rodar por el terreno de juego, se habla de *conducción*. Esta se lleva a cabo con todas las superficies de contacto del pie (interior, exterior, empeine, talón, puntera y planta) en todos los lugares del campo libres de adversarios (figs. 92-94).
Puede ser individual, si se efectúa en beneficio propio (inicia y finaliza la

LA TÉCNICA INDIVIDUAL: EL TRABAJO DE LOS RECURSOS TÉCNICOS

Conducción con el exterior del pie

Conducción con el interior del pie

Conducción con el empeine

acción), o de conjunto, si está encadenada con otras acciones técnicas en las que intervienen otros compañeros.

Hay tres cualidades básicas que deben tenerse en cuenta y que se han de desarrollar para adquirir un buen dominio de este recurso:

— precisión y fuerza aplicada al golpear el balón;
— visión entre espacio y balón (visión periférica);
— protección del balón.

Además, deberá tenerse en cuenta la superficie de contacto, la rapidez de ejecución, las alternancias, los cambios de ritmo, los cambios de dirección, la progresión, el estado del terreno y, lo más importante, el talento del futbolista.

 **CURSO DE ENTRENADOR DE FÚTBOL**

Existen varios tipos:

— *según la velocidad de ejecución:* lenta (con el interior del pie) y rápida (con el exterior y el empeine);
— *según las modificaciones de ritmo:* cambios de dirección (con el talón), temporización o alternancia (planta), conducción en terrenos mojados o embarrados (utilizando la puntera o elevación con el empeine);
— *según la oposición:* simple (sin obstáculos; figs. 95 y 96), superior (con obstáculos; fig. 97).

Sin embargo, la conducción entraña ciertos inconvenientes que deben tenerse en cuenta:

— produce fuerte cansancio mental y físico;

Conducción simple

Conducción lenta

Conducción superior

LA TÉCNICA INDIVIDUAL: EL TRABAJO DE LOS RECURSOS TÉCNICOS

— si se abusa de ella, el juego pierde velocidad y permite al contrario obstaculizar y reducir los espacios;
— el jugador que la realiza se expone a una lesión.

Hay que tener en cuenta que el balón es siempre más rápido si utilizamos el pase y no la conducción en las acciones conjuntas.

La cobertura

Es la acción técnica que permite proteger el balón utilizando el cuerpo como parapeto (figs. 98 y 99).

Puede realizarse en carrera (cuando un contrario amenaza la posesión del balón) o parado, y puede hacerse de costado o de espaldas.

Es conveniente que la conducción se realice con el exterior del pie, alejando al jugador contrario cuanto sea posible del balón. No hay que olvidar que la habilidad y la fuerza son muy importantes para contrarrestar la carga que suele realizar el contrario. Por lo tanto, hay que tratar de mantener una superficie de apoyo suficiente.

Ejercicios

Para practicar la conducción y dominar perfectamente su técnica pueden practicarse los siguientes ejercicios:

— recorrer 30 m llevando el balón muy rápido con pocos toques, utilizando la parte interior de los dos pies, la interior o exterior del mismo pie, la

Acción de cobertura

El cuerpo protege el balón

parte exterior de los dos pies y la parte interior o exterior del pie en línea curva, quebrada o recta (fig. 100);
— combinar distancias, obstáculos, número de golpeos y superficies de contacto con las que ejecutar los ejercicios.

Ejercicios para la mejora de la conducción

El golpeo con el pie

Es todo toque que se da al balón de forma más o menos violenta.

Las superficies de contacto con las que se realizan los golpeos son el empeine central, el empeine exterior, el empeine interior, la parte interior, la parte exterior, la puntera, la planta y el talón. Cabe destacar también los golpeos con el empeine, que es la superficie de contacto más adecuada, si se desea dar chutes largos y rápidos (figs. 101-104). Con el empeine exterior o interior se imprime efecto al balón y se obtienen lanzamientos precisos, fuertes y veloces. El exterior y el interior, en cambio, son adecuados para golpeos seguros y cercanos, de poca velocidad. Finalmente, la puntera, la planta y el talón se utilizan para sorprender, si bien con la puntera pueden realizarse tiros a gol en situaciones propicias (fig. 105).

Sin embargo, saber golpear no es suficiente para conseguir buenos resultados en el desarrollo del juego. Es necesaria, además, una visión espacial de los compañeros, los adversarios, el campo y el juego. Por ello, el entrenamiento se debe hacer en función de los factores reales del juego, procurando que el jugador tenga en cuenta estos aspectos a la hora de ejecutar un golpeo.

Gracias a los cálculos estadísticos se ha podido comprobar que el interior del pie (fig. 106) es la superficie más utilizada por los futbolistas, seguida del empeine (figs. 107 y 108), el exterior (fig. 109) y la cabeza para golpear el balón.

Puntos de impulsión del balón

La pierna activa es la que ejecuta el movimiento y contacta con el balón, realizando para ello el gesto técnico preciso.

La pierna pasiva es la pierna de apoyo, y su función es la de mantener el equilibrio en el momento de la acción.

Ejercicios y prácticas

Con los ejercicios se tratará de conseguir velocidad de llegada del balón y precisión en el recorrido, muy necesarias para llegar a otro jugador o a la meta con pocos pases. Sirvan de ejemplo los siguientes:

— ejecutar acciones con movimiento y cambios de posición (contactos y golpeos con el balón en movimiento);
— ejercitarse después de saques de banda, de puerta, pases, etc.

LA TÉCNICA INDIVIDUAL: EL TRABAJO DE LOS RECURSOS TÉCNICOS

Secuencia del tiro: en primer lugar, se ataca el balón

Seguidamente, se impacta con el empeine

La pierna acompaña el lanzamiento del balón...

... y se repliega para acabar el movimiento

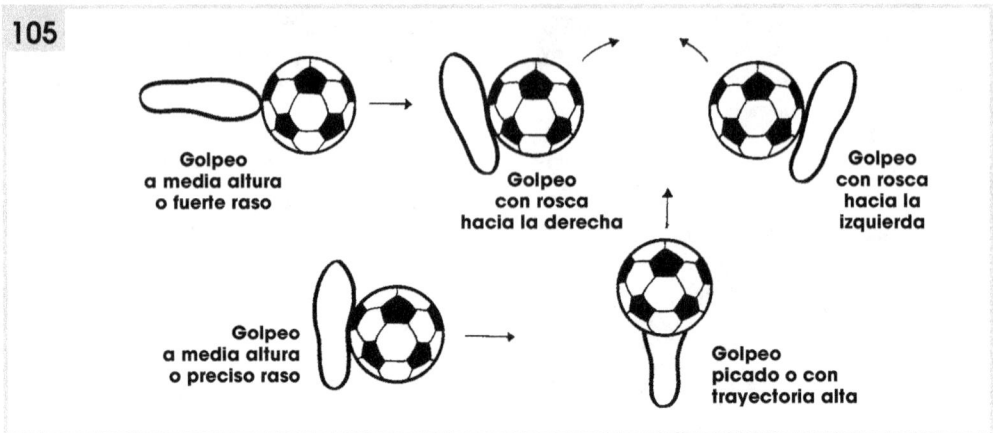

Los puntos de impulsión del balón

Golpeo con el interior del pie

Golpeo con el empeine total

Golpeo con el empeine interior

Golpeo con el exterior

LA TÉCNICA INDIVIDUAL: EL TRABAJO DE LOS RECURSOS TÉCNICOS

El golpeo con la cabeza

El golpeo de cabeza es todo toque que se da al balón con la cabeza de forma más o menos violenta.

El dominio de la técnica del juego con la cabeza es imprescindible, ya que permite aprovechar cuantas posibilidades se planteen a un jugador cuando el balón está en el aire (fig. 110).

Para ello, deben practicarse los golpeos de cabeza con las siguientes zonas de contacto:

— *frontal:* para aplicar potencia y dirigir bien la pelota;
— *frontal-lateral:* para dar potencia y dirigir, si bien hay que efectuar correctamente el giro del cuello al entrar en contacto con el balón;
— *parietal y occipital:* para los desvíos.

Los golpeos de cabeza se pueden realizar en diferentes condiciones que son las siguientes:

— estático, sin saltar (figs. 111-113);
— en el sitio, pero con salto vertical;
— en carrera sin salto;
— en carrera con salto (figs. 114 y 115);
— en plancha, en actitud estática o en carrera.

La funciones que cumplen los golpeos de cabeza son las siguientes:

— *defensivas:* interceptaciones.
— *ofensivas:* pases, desvíos, remates, controles, prolongaciones.

Existen diversos gestos técnicos del golpeo de cabeza en el aire que deben tenerse en cuenta, a saber: la iniciación

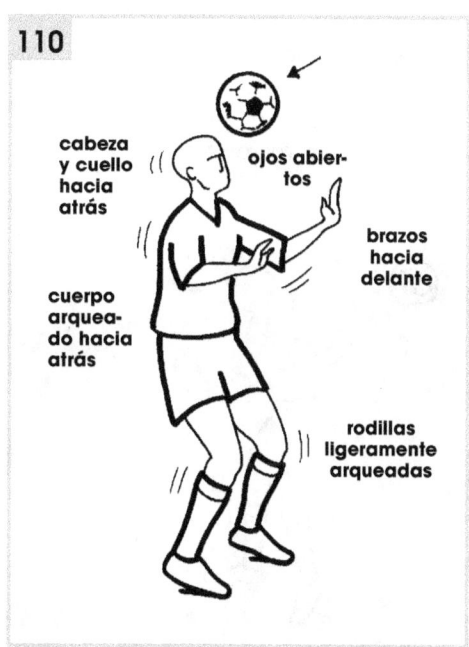

Los gestos técnicos del golpeo con la cabeza. Golpeo con el frontal

Golpeo estático con la cabeza

 **CURSO DE ENTRENADOR DE FÚTBOL**

Preparación para el impulso

Impulso e impacto del balón

(carrera o despegue), el vuelo y el contacto con el balón.

Para realizar el primero de ellos hay que seguir estos pasos:

— buscar el momento;
— abrir los brazos;
— semiflexionar de piernas;
— seguir la trayectoria y saltar de frente.

Golpeo con la cabeza en carrera

LA TÉCNICA INDIVIDUAL: EL TRABAJO DE LOS RECURSOS TÉCNICOS

En el caso del vuelo, es necesario proceder de la siguiente manera:

— abrir los brazos;
— abrir ligeramente las piernas;
— coordinar los balanceos, tanto los del tronco (atrás y adelante, derecha e izquierda y viceversa) y los del cuello (de la misma manera que el tronco).

Para el contacto, habrá que tener en cuenta lo siguiente:

— deben mantenerse los ojos abiertos;
— hay que seguir la trayectoria del balón;
— es necesario recurrir a las dotes de precisión, decisión, potencia, valor y visión espacial del juego.

Golpeo de cabeza en el aire

Ejercicios

En las figuras 116, 117, 118, 119 y 120 pueden verse algunos ejemplos de los ejercicios más eficaces para practicar el golpeo de cabeza.

El trabajo constante en los entrenamientos y la orientación del entrenador permitirá mejorar el dominio de esta técnica.

Ejercicios para la mejora del golpeo con la cabeza

Golpeo frontal de cabeza con salto

Ejercicio para practicar todo tipo de golpeos con la cabeza

LA TÉCNICA INDIVIDUAL: EL TRABAJO DE LOS RECURSOS TÉCNICOS

El rondo también permite todo tipo de golpeos de cabeza

Golpeo lateral girando bien la cabeza

CURSO DE ENTRENADOR DE FÚTBOL

El regate

Consiste en desbordar al adversario sin perder el balón. Existen varios tipos:

— *simple:* consiste en desbordar al adversario rápidamente y sin realizar ninguna acción previa (figuras 121-123);

Para efectuar un regate simple es preciso mantener un buen contacto con el balón

A continuación, se debe salir en avance por un lateral...

... y de este modo el adversario queda desbordado

LA TÉCNICA INDIVIDUAL: EL TRABAJO DE LOS RECURSOS TÉCNICOS

— *compuesto:* se utiliza, para rebasar a continuación al adversario.

Para dominar este recurso técnico hay que cumplir los siguientes requisitos:

— dominar los apoyos en el suelo;
— dominar el cuerpo;
— dominar por completo el balón;
— poseer destreza e imaginación;
— cambiar de ritmo.

El regate se utiliza cuando el poseedor del balón está aislado, o también para conseguir un ángulo de tiro a gol en el área contraria o para aclarar el juego en una acción posterior.

No se debe utilizar cuando el pase es posible, en la propia área de meta o cuando se tiene un ángulo de tiro en la zona adversaria.

Aunque el regate y el dríbling son actuaciones muy personales y en gran medida originales, en el entrenamiento deben combinarse los cambios de dirección, la velocidad y las fintas. Esto hay que trabajarlo y tenerlo en cuenta en los ejercicios.

FINTAS DEL CUERPO CON SALIDA
HACIA LA IZQUIERDA

El requisito previo para regatear es dominar la pelota, algo que parece fácil pero que no lo es, sobre todo cuando se debe mantener el equilibrio al enfrentarse a un adversario y, al mismo tiempo, colocar el balón a una cierta distancia, por lo que el entrenador deberá poner especial interés a la hora de preparar los ejercicios para que los jugadores aprendan a dominar estas técnicas con soltura.

El jugador debe utilizar el engaño. Por ejemplo, puede simular que rebasa al contrario por un lado, y así, cuando este se incline hacia él, le sobrepasará por el otro.

La mejor manera de conseguirlo consiste en dejar caer el hombro izquierdo fintando y, siempre que sea posible, regatear con el exterior del pie (figs. 124 y 125).

Regate compuesto, con finta a la derecha

Salida por la izquierda

El tiro

Un tiro es, en sentido estricto, un envío hacia la portería contraria. Las superficies más utilizadas para ejecutarlo son los pies (fig. 126) y la cabeza, según la procedencia, el ángulo y la distancia del tiro.

A la hora de lanzarlo, hay que tener en cuenta los siguientes factores:

— situación del portero;
— el número de adversarios;
— la situación de los compañeros;
— la distancia de tiro;
— el ángulo de tiro;
— la zona de tiro.

Antes de lanzar, el jugador debe reconocer cuál es la situación de la zona adversaria. Las más favorables son las siguientes:

— *cuando a consecuencia de un uno-dos, la defensa adversaria se encuentre desbordada:* en este caso el jugador no dudará en ejecutar el tiro;
— *en las entradas por las puntas, cuando se realizan pases hacia el centro del área:* los atacantes deberán aprovechar para ejecutar el tiro;
— *cuando un defensa se coloca en disposición de arrebatar el balón al atacante:* este deberá estar atento y ejecutar el tiro a portería en el momento preciso en que el portero quede tapado;
— *cuando se elude a un adversario en zona de tiro:* hay que aprovechar el momento inmediatamente posterior para ejecutar el tiro;
— *cuando el terreno esté mojado:* es muy eficaz realizar tiros a ras del suelo o con rebotes;
— *cuando el guardameta avanza o retrocede y reduce su capacidad de maniobra:* el atacante deberá aprovechar esta situación para realizar el tiro;
— *al enfrentarse al portero:* habrá que disparar antes de que este reduzca el ángulo de tiro;

El tiro con el pie

LA TÉCNICA INDIVIDUAL: EL TRABAJO DE LOS RECURSOS TÉCNICOS

— *cuando la visibilidad para el portero sea reducida a causa de los jugadores:* en este caso deberá lanzarse un tiro a portería;
— *cuando los defensores y el portero deducen que el atacante pasará o centrará:* es el momento idóneo para lanzar a portería.

Tal como puede inferirse de todos estos casos, es preciso que el jugador reaccione de inmediato y siempre de la forma más inesperada, a fin de realizar la acción con éxito.

Sin embargo, nunca deberá dejarse llevar por el ímpetu, ya que es mejor abstenerse en algunos casos, como, por ejemplo:

— cuando un compañero se encuentre en mejor situación;
— cuando se carece de un buen ángulo de tiro;
— cuando el balón viene en malas condiciones;
— cuando la distancia de tiro no es la adecuada.

Por todo ello, a la hora de preparar los ejercicios de entrenamiento, habrá que tener en cuenta los siguientes requisitos:

— habituarse a ocupar zonas de tiro;
— sacar el mayor partido de todas las posibilidades de tiro;
— poseer una confianza absoluta en todo lo que se va a realizar;
— conseguir velocidad en la acción;
— ejercitarse tanto con oposición como sin ella;
— entrenarse en acciones individuales y en situaciones de juego colectivo, para que los jugadores tomen decisiones en cualquier momento.

Ejercicios prácticos

Es muy importante adquirir desde el principio unos buenos hábitos en la ejecución del tiro, puesto que acompañarán al jugador para siempre. Hay que tener en cuenta que es muy difícil erradicar gestos o hábitos inadecuados una vez adquiridos.

En las ilustraciones siguientes (figuras 127-137) pueden verse algunos ejemplos de ejercicios que pueden ponerse en práctica para entrenar el tiro.

Ejercicio para la mejora del tiro con el pie

Tirar elevando el balón

 **CURSO DE ENTRENADOR DE FÚTBOL**

129

Tiro con efecto

130

Tiro en movimiento

131

Tiro en carrera

132

Tiro raso

133

Tiro elevado

134

Tiro con el interior del pie

135

Tiro con efecto izquierdo

136

Tiro con efecto derecho

LA TÉCNICA INDIVIDUAL: EL TRABAJO DE LOS RECURSOS TÉCNICOS

Tiro por encima de la cabeza

La técnica del portero

Dado que el portero tiene que jugar de una manera completamente distinta al resto de los jugadores del equipo —ya que puede hacer uso de las manos en el área de meta—, su entrenamiento y sus recursos técnicos tendrán que adaptarse a sus necesidades. Téngase en cuenta que un error del portero puede comprometer el resultado del partido, del mismo modo que una buena intención puede salvarlo; durante un encuentro debe tomar numerosas decisiones y todas tienen que ser exactas.

La técnica individual

Los blocajes

Blocar un balón es sujetarlo de forma segura con las manos. Según sea su trayectoria, la posición del portero para efectuar el blocaje será diferente: podrá hacerlo por alto (figs. 138-140) o a media altura (fig. 141).
  Se aconseja proteger siempre el balón con el cuerpo. En los balones altos habrá que juntar los pulgares por detrás del balón y, a la hora de recogerlo, saltar con los antebrazos paralelos.

Blocaje por alto

En el blocaje por alto los antebrazos deberán

CURSO DE ENTRENADOR DE FÚTBOL

alinearse paralelamente

Detalle del blocaje por alto. Obsérvese la posición de las manos

Los desvíos

Son cambios en la trayectoria del balón que normalmente se realizan en casos extremos. Para ello, se utilizan las manos, los pies y cualquier otra parte del cuerpo.

Se pueden realizar en posición estática, durante el salto (fig. 142) y en estirada (fig. 143), por ambos lados de la

LA TÉCNICA INDIVIDUAL: EL TRABAJO DE LOS RECURSOS TÉCNICOS

Blocaje a media altura

Desvío en posición estática

portería y por la parte superior del travesaño.

Existen algunos casos en los que es conveniente recurrir al despeje. Son las siguientes ante un tiro violento, en caso de inseguridad en las manos, cuando el balón está resbaladizo, ante el acoso del rival, cuando hay muchos atacantes, con tiros muy equilibrados, etc.

LOS DESPEJES

Consiste en golpear el balón para alejarlo de la portería con los puños y los pies. Es mucho menos frecuente recurrir a los antebrazos y los muslos, aunque si la acción se desarrolla fuera del área, se emplea incluso la cabeza. Tal vez no sea tan vistoso como el blocaje o el desvío, pero es muy eficaz.

LAS PROLONGACIONES

Son aquellas acciones en las que no se cambia la trayectoria del balón y el contacto es para beneficio propio.

A la hora de realizar una prolongación es imprescindible que no se cambie la trayectoria, ya que en caso contrario habría una desviación. Si la acción fuese en beneficio de un compañero, se hablaría de pase.

LOS RECHACES

Se efectúa cuando, ante la proximidad del oponente y tratando de reducir lo máximo posible el ángulo de tiro, hay que impedir con cualquier parte del cuerpo la eficacia del tiro del equipo contrario.

CURSO DE ENTRENADOR DE FÚTBOL

Los golpeos y los saques

Si bien el portero puede realizar fintas, regates, conducciones, apoyos, etc., debe hacerlo de una forma sumamente selectiva en las jugadas.

Para ello, ha de ejercitarse en el uso del empeine central, del interior y del exterior para el golpeo del balón. Asimismo, ha de realizar con dinamismo los saques, sean por alto (fig. 144) o por bajo (figs. 145 y 146), ya que cada día importa más la rapidez de las acciones durante el contraataque.

En el momento del saque ha de enviar el balón a las extremidades inferiores del compañero puesto que si no, se le da ventaja al contrario en la disputa del balón.

Saque por alto con la mano

Desvío en estirada

Saque por bajo: primera fase

LA TÉCNICA INDIVIDUAL: EL TRABAJO DE LOS RECURSOS TÉCNICOS

La técnica colectiva

Hay que tener en cuenta que el portero es el primer atacante del equipo si este se ha hecho con la pelota; por ello, para desarrollar todas las cualidades que debe reunir este jugador durante las sesiones de entrenamiento habrá que realizar trabajos donde se den:

— pases a balón en movimiento;
— pases a balón parado;
— pases con las manos;
— salidas fuera del área;
— acciones donde se ceda el balón al portero.

Además, hay labores que el portero ha de realizar, ya que se encuentra en una posición inmejorable para observar y colocar a sus compañeros ante las diversas acciones ofensivas del contrario.

Por todo ello, el portero debe realizar las siguientes acciones:

— proteger el balón con el cuerpo;
— juntar los dedos pulgares por detrás del balón cuando este llegue por alto;
— cruzar un paso por delante para alcanzar una mayor distancia en las estiradas;
— situarse siempre en la bisectriz del ángulo que forma el balón con los postes.

En cambio, no debe nunca:

— salir de la portería o del área cuando el adversario no ha rebasado a los defensas;
— perseguir a un adversario que sale del área de penalti;
— presentar la rodilla al flexionar las piernas para bloquear un balón que viene raso;
— abrir las piernas más de lo que mide el diámetro del balón (figs. 147-149).

Saque por bajo: segunda fase

Recogida de un balón que viene por el suelo

CURSO DE ENTRENADOR DE FÚTBOL

Detalle de la apertura de las piernas

Las acciones más adecuadas son:

— lanzar el balón fuera del terreno de juego (en un saque de esquina, por ejemplo), si ve que el adversario puede jugarlo;
— blocar el balón en lugar de despejarlo.

E<small>JERCICIOS Y ENTRENAMIENTO</small>

El portero debe desarrollar sus capacidades técnicas. Aunque varían los entrenamientos según la edad y las condiciones que el portero presente, he aquí algunos de los ejercicios que puede realizar.

1. El entrenador, con las manos o los pies, situado a cuatro o cinco metros de la meta, envía el balón raso a ambos lados del por-

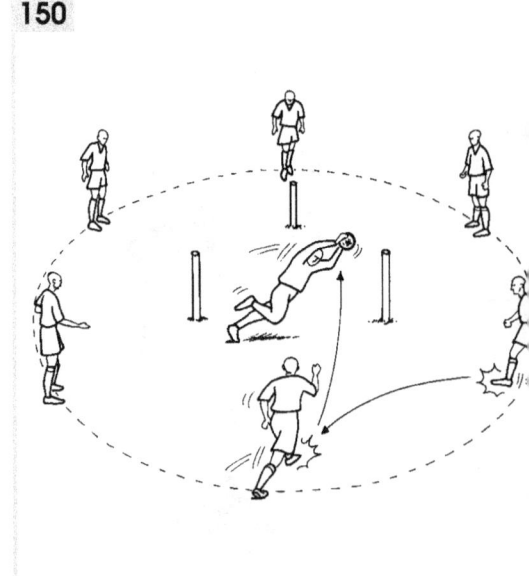

Recogida de un balón que viene por el suelo. Obsérvese la posición de las piernas

LA TÉCNICA INDIVIDUAL: EL TRABAJO DE LOS RECURSOS TÉCNICOS

tero. La potencia de los golpeos aumentará progresivamente. Este ejercicio se puede efectuar con uno o más balones.

2. Para trabajar el blocaje, pueden enviarse balones rasos, a media altura y altos.

3. El portero se sienta o se acuesta en el suelo junto a un poste. El entrenador le lanza balones que deberá atajar con la mano más cercana al poste.

4. El portero se sitúa unos metros por delante de la portería. El entrenador le lanza balones altos, que él debe despejar por encima del larguero con las manos.

5. El portero se sitúa en la portería y, desde la raya del área de meta, se le lanzan con el exterior del pie tiros a ángulos opuestos.

6. Los jugadores que haya designado el entrenador le lanzarán penaltis.

7. El portero se sitúa sentado, de cuclillas, de rodillas, de espaldas, etc., y reacciona a los balones lanzados por el entrenador desde diferentes distancias y alturas.

8. El entrenador intenta driblar al portero, y a su vez este trata de arrebatarle el balón.

9. Se lanzan voleas que boten delante del guardameta, y este deberá blocarlas, despejarlas, etc.

Así, se puede realizar un gran número de ejercicios que fomenten la técnica individual y la colectiva del portero.

Hay que desarrollar la capacidad de reacción del portero, quien debe reaccionar al lanzamiento o a las acciones ofensivas en el menor tiempo posible.

En las ilustraciones siguientes (figuras 150-155), podemos ver algunos ejemplos de ello.

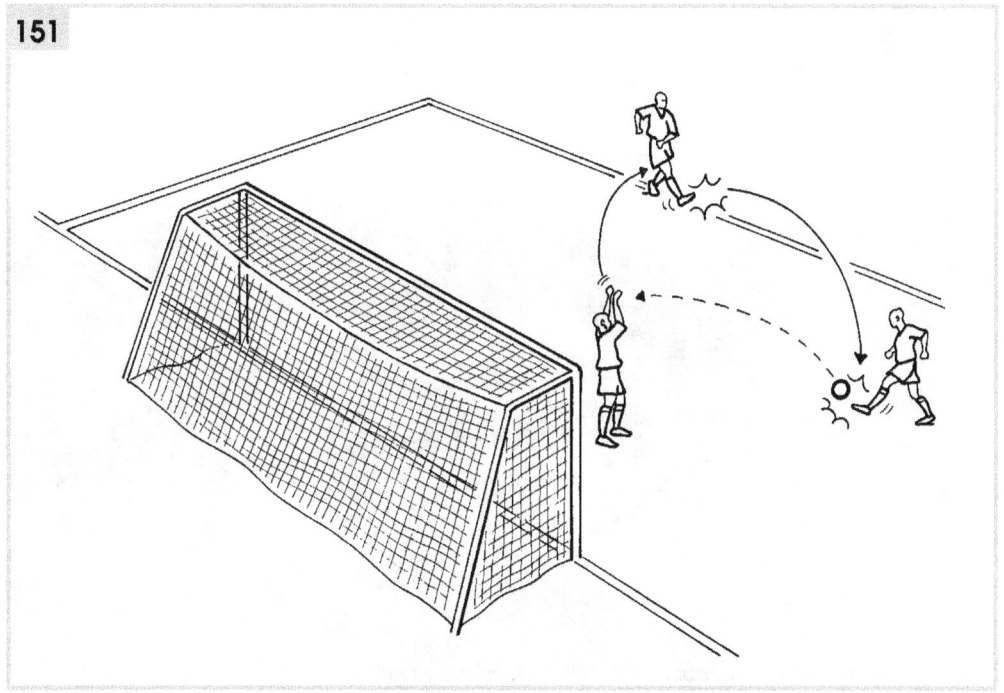

151

 CURSO DE ENTRENADOR DE FÚTBOL

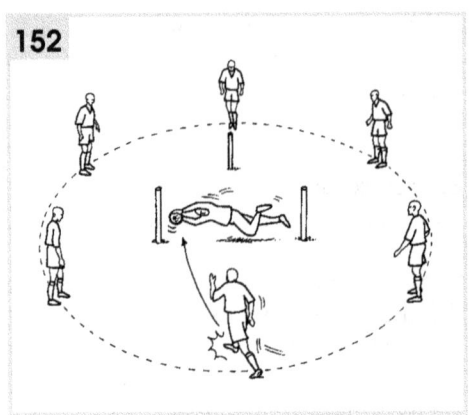

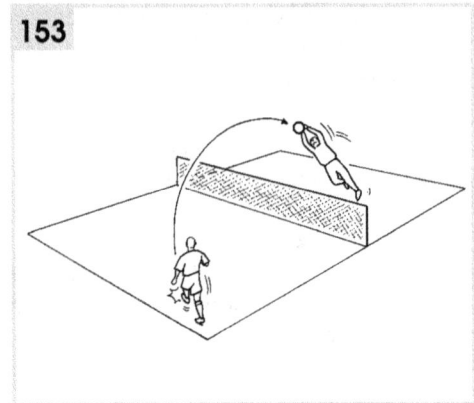

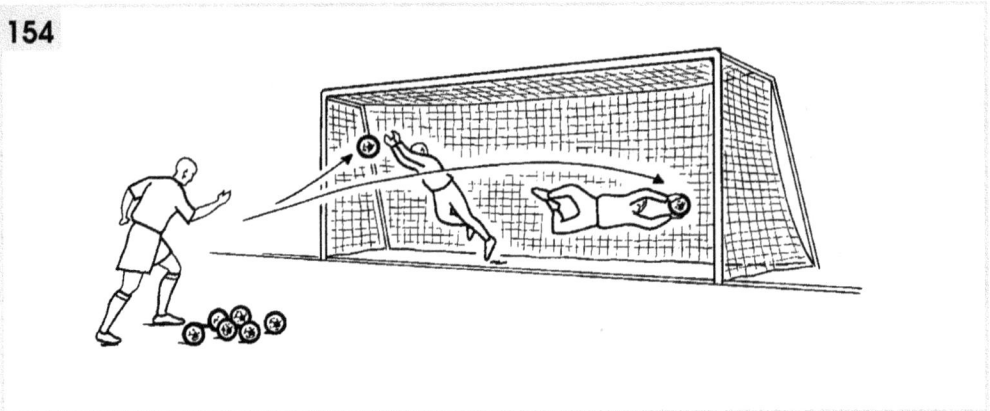

Ejercicios para el entrenamiento de la velocidad de reacción

Ejercicio de desarrollo de la capacidad de reacción del portero

LA TÉCNICA COLECTIVA

La técnica colectiva comprende todas aquellas acciones que consiguen establecer dos o más jugadores de un equipo cuando buscan un beneficio común que sólo se consigue tras finalizar de forma eficaz la acción.

Acciones con posesión del balón

El pase

Es la acción técnica que permite, a través de un toque, poner en relación, mediante la transmisión del balón, a dos o más componentes del equipo. De hecho, este es el principio del juego colectivo y permite llegar al objetivo en el menor tiempo posible.

Antes de ponerlo en práctica, sin embargo, conviene tener algunos aspectos en cuenta:

— quien posee el balón debe adaptarse a los compañeros; si estos no reaccionan, habrá que darles una orden verbal;
— los pases deben ser variados, ya que de este modo se hacen más imprevisibles y difíciles de interceptar;
— el pase cercano, en corto, es la forma más simple de dominar el juego;
— el pase largo es la forma más eficaz para realizar un contraataque, siempre que el jugador de destino no se quede aislado frente al adversario;
— los pases hacia atrás sirven para conservar el balón; en zona ofensiva, dan ventaja a los atacantes cuando tratan de finalizar con eficacia una jugada;
— si el poseedor del balón tiene espacio, es conveniente que envíe el pase por delante del compañero, ajustándolo a su carrera;
— los pases por detrás de la defensa contraria en acciones ofensivas son notablemente ventajosos, por lo que hay que practicarlos al máximo;
— los pases en dirección contraria a la que lleva el poseedor del balón permiten sorprender al contrario;
— los centros que provienen de las bandas, potentes y con efecto, son siempre peligrosos para el contrario y ventajosos en la acción ofensiva;
— hay que evitar la conducción cuando se puede realizar el pase.

El balón, mediante el empleo del pase, es más rápido que ningún jugador. Así, es más eficaz que la conducción. Además evita la fatiga, produce más claridad en el juego y reduce las posibilidades de lesión. Una forma de entrenarlo es, sin duda, el rondo (figs. 156 y 157).

Rondo para entrenar el pase: el jugador de la derecha intentará interceptar el balón

En el rondo son muy importantes la movilidad y el toque rápido

Distancias y superficies usuales

La distancia a la que se dirige el balón puede ser:

— *corta:* oscila de 0 a 15 m, y se utiliza preferentemente el interior como superficie de contacto;
— *media:* oscila de 15 a 30 m, y la superficie propia para el golpeo en esta distancia es el empeine interior y exterior;
— *larga:* es cuando el balón va más allá de los 30 m; la superficie que debe utilizarse para golpear el balón es el empeine total.

La finta

Es el movimiento del cuerpo sin balón, destinado a engañar, confundir o distraer al adversario. Forma parte del dríbling.

Los gestos más empleados para producir este engaño son el balanceo de hombros, piernas y pies, aunque se suele utilizar todo el cuerpo.

El engaño tiene la finalidad de decidir la posesión del balón. Hay muchas formas de realizar fintas. Las principales son dos: las realizadas antes de recibir el balón y las que se efectúan después.

Las primeras suelen darse en acciones defensivas, ya que se realizan para interceptar o en el mismo momento el engaño y la toma de contacto, y las ofensivas, en las que se efectúa el engaño y el contacto posterior o a la vez.

Las segundas son siempre ofensivas, y se hacen para desbordar al contrario con un regate compuesto.

El relevo

Con la acción del relevo entre dos componentes de un mismo equipo se pre-

LA TÉCNICA COLECTIVA

tende transmitir la iniciativa al compañero. Dicha acción permite continuar poseyendo el balón y dominar el juego, si bien será el compañero el que continúe con la pelota y el que deberá asumir la responsabilidad de tomar la iniciativa.

La forma más común de ejecutar esta acción es la siguiente: conduciendo con el exterior del pie, el jugador que lleva a cabo el relevo recoge el balón con el interior del mismo pie con el que lo conducía el compañero. El poseedor del balón, cuando está en presencia de adversarios próximos, protege la pelota para que el compañero que acude en su ayuda favorezca la acción ofensiva y continúe él con el esférico. Quien efectúa el relevo ha de hacerlo con cambio de dirección y ritmo, velocidad y coordinación.

Existen tres tipos de relevo:

— *frontal:* cuando ambos compañeros realizan la transmisión «frente a frente», en sentido opuesto a la dirección que llevaba el balón (figs. 158-160);
— *diagonal:* cuando los dos se dirigen de forma convergente, y continúa con la pelota el jugador que no la poseía;
— *dorsal:* cuando van en la misma dirección y sentido los dos compañeros, poseedor y no poseedor.

El jugador de la izquierda pasa el balón al de la derecha, quien lo recoge con el interior del pie...

... y prosigue la acción ofensiva

Relevo frontal

119

Las acciones combinadas

Cuando se realiza una acción técnica entre dos o más componentes de un mismo equipo, se está desarrollando una acción. Mediante este tipo de acciones se reparten los esfuerzos y aumentan las opciones del juego (desmarques, apoyos, etc.).

Se pueden realizar acciones que contengan controles, pases, conducciones, tiros, regates y, enlazando en el juego dichas acciones, se obtiene una acción combinada.

Cuando el entrenador deba preparar un ejercicio para entrenar una acción técnica de este tipo deberá tener en cuenta las siguientes cuestiones:

— cuál es el jugador que tiene el balón en ese preciso instante;
— el movimiento de los jugadores en el transcurso de la jugada;
— la técnica más adecuada para quien envía el balón o lo recibe.

Tipos de acciones combinadas

Dependiendo del objetivo técnico-táctico que se quiera conseguir, se habla de *acciones de gran eficacia* cuando la acción combinada ha finalizado en gol, y de *acciones de menor eficacia* cuando ha sido cortada previamente por el contrario sin lograr así el objetivo.

Las acciones combinadas pueden ser de dos tipos:

— *en progresión:* son evoluciones donde se busca la perpendicularidad a la portería contraria;
— *con temporización:* son aquellas evoluciones técnicas encaminadas al control de la pelota.

Consideraciones para el entrenamiento

Se han de tener en cuenta a la hora de enseñar las acciones combinadas las siguientes indicaciones:

— la explicación del ejercicio debe ser clara para los jugadores;
— las acciones que se plantean en el ejercicio se han de demostrar personalmente;
— hay que corregir las acciones o gestos técnicos que sean mal ejecutados;
— el ejercicio se ha de realizar inicialmente sin oposición;
— se debe conseguir siempre la máxima eficacia;
— la acción ha de realizarse sin interrupción hasta que finalice el ejercicio;
— posteriormente, es necesario que se realice una práctica real con oposición.

Acciones de técnica defensiva, sin posesión del balón

Cuando, partiendo de una situación defensiva, se realizan diversas acciones para apoderarse o neutralizar el juego ofensivo del contrario, se habla de técnica defensiva.

El despeje

Es la acción técnica que tiene por objetivo resolver una situación comprometida cerca de la propia portería, alejando el balón de dicha zona.

Las superficies que el jugador de campo utiliza para ello son la cabeza (figu-

LA TÉCNICA COLECTIVA

ra 161) y los pies, en especial el empeine central (fig. 162).

El portero, a su vez utiliza los pies, el puño y la cabeza, puesto que se puede presentar la ocasión en que deba despejar fuera del área.

Actualmente en el fútbol no importa la superficie que se emplea con tal de que la acción resulte eficaz para los fines del equipo.

Existen varios tipos de despeje, según las circunstancias del partido:

— *despejes sin orientar:* en estos casos se trata de efectuar la acción defensiva de una forma rápida y sin que importe demasiado la dirección a la que se envíe el balón;
— *despejes orientados:* hay que disponer de tiempo para realizarlo y calidad técnica para ejecutarlo. Se trata de enviar el balón a un lugar concreto donde está un compañero o hay un espacio libre.

La entrada

La entrada puede definirse como la acción física y la técnica defensiva mediante la cual un jugador se dirige al adversario que controla el balón con la intención de impedir que avance en el campo. En algunos casos, el contrario no posee el balón, sino que se adelanta para recibir el pase de un compañero por lo que el defensa deberá intentar interceptarlo antes de que lo reciba y controle.

Para efectuarla, la superficie que se utiliza es el pie. El momento de realizar esta acción técnica está siempre en relación con el control del balón por parte

Despeje con la cabeza

Despeje con el empeine

del adversario. En el instante preciso en que este pierda por un momento el control del balón, será cuando el jugador deba efectuar la entrada.

Los riesgos que pueden derivarse de esta acción tienen que ver con las siguientes circunstancias:

— el contacto físico;
— el deslizamiento;
— el desbordamiento y la ventaja posterior.

Con todo, la reglamentación es muy estricta y estipula que sólo puede realizarse una entrada en los siguientes casos:

— cuando este recibe el balón y antes de que lo controle;
— después de efectuar el control del balón;
— cuando el contrario avanza conduciéndolo.

El desarrollo de una entrada, en líneas generales, se compone de tres fases:

— toma de contacto con el jugador adversario;
— carga hombro a hombro para presionarlo;
— escamoteo o deslizamiento, con el desvío del balón.

Asimismo, existen dos tipos de entrada bien definidos:

— *de frente:* se puede realizar de pie o con deslizamiento lateral;
— *lateral o tackle:* se trata de situarse al lado del poseedor de la pelota, flexionando la pierna de apoyo más cerca-

LA TÉCNICA COLECTIVA

*Para realizar una entrada lateral, o **tackle**, es preciso presionar al adversario*

A continuación se realiza la entrada

Por último se intercepta el balón lateralmente

na al poseedor, y con la pierna más alejada intentar apoderarse de él o desviarlo (figs. 163-165).

LA CARGA

Esta acción debe realizarse cuando se disputa el balón o bien está «dividido».

La carga, en líneas generales, consiste en llevar a cabo una acción física que desequilibre al contrario apoderarse del balón posteriormente.

Se trata de una acción sobre el y permita al jugador que debe hacerse sin violencia ni peligro. De hecho, el reglamento establece de manera taxativa que sólo se puede cargar de frente o de costado, si bien, en el caso de que el contrario obstruyese, podría realizarse por detrás (fig. 166).

Carga

La interceptación

La interpretación es la acción tecnicodefensiva mediante la cual el balón que ha sido tocado en último lugar por el adversario modifica su trayectoria y se consigue evitar el objeto que se había propuesto el lanzador.

Existen dos tipos de interceptación diferentes:

— *desvío clásico:* permite modificar la trayectoria del balón, aunque no se haya previsto la segunda jugada;
— *modificación de la trayectoria:* con la que resulta finalmente un corte (si se apodera del balón el que intercepta).

El jugador debe realizar la interceptación con la parte del cuerpo que consi-

Interceptación con la punta del pie

Interceptación con el empeine

LA TÉCNICA COLECTIVA

Interceptación con el pecho

Interceptación con la cabeza

dere más conveniente para detener la trayectoria del balón. No obstante, en la mayor parte de los casos, suele hacerse con la punta del pie (fig. 167), con el empeine (fig. 168), con el pecho (figura 169) y con la cabeza (fig. 170), lo cual

requiere un sentido muy aguzado de la oportunidad, ya que es preciso que el jugador sepa cuál es el momento preciso en que debe colocarse delante del contrario que está esperando el balón para arrebatárselo.

LA ESTRATEGIA

Las acciones de estrategia son todos los lanzamientos a balón parado que se pueden aprovechar o neutralizar en el transcurso de un partido.

A grandes rasgos, pueden establecerse dos tipos:

— *ofensivas (con posesión del balón):* se trata de aquellas acciones de inicio del juego por parte del equipo a través de un saque a balón parado; son lanzamientos o saques iniciales, de meta, libres directos e indirectos, penaltis, saques de banda y saques neutrales;
— *defensivas:* son aquellas acciones que realiza un equipo que no posee el balón con el fin de contrarrestar o anular la estrategia ofensiva del contrario; son principalmente aquellas situaciones donde se pone el balón en juego por un tiro libre, un saque de esquina, un penalti, un saque lateral, etc.

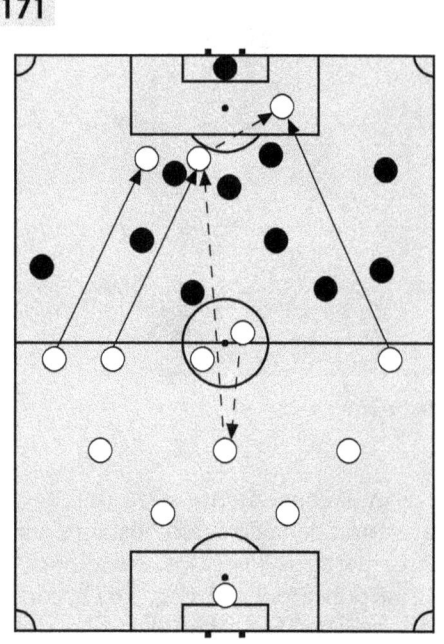

Ejemplo de estrategia en el saque inicial

Acciones estratégicas

Saque inicial

En la figura 171 puede apreciarse cómo puede ser una estrategia de saque inicial.

Saque de meta

El saque de meta es aconsejable que lo realice el portero. Puede ser:

— *largo:* debe sobrepasar a los volantes adversarios, obligándolos a girar y aumentar así las posibilidades de hacerse con el centro del campo.

LA ESTRATEGIA

También se puede dirigir hacia los extremos retrasados, e igualmente es una buena opción enviar la pelota a los espacios libres;
— *corto:* es aquel envío cercano al área de penalti. Se puede dirigir a los laterales, al central o al libre (si no está acosado por ningún rival);
— *medio:* este tipo de pase es conveniente emplearlo cuando hay seguridad en el juego. Se trata de enviar la pelota a la zona de medio campo.

Saque de esquina

Los aspectos que deben tenerse en cuenta a la hora de efectuar esta jugada estratégica son los siguientes:

— los centros con efecto al primer y segundo palo son especialmente peligrosos;
— las combinaciones cortas ofrecen posibilidades ofensivas, puesto que atraen a los contrarios a la zona;
— variar los tipos de lanzamientos puede provocar serias dificultades al contrario, sobre todo si se trata de pases en corto, de centros directos con efecto o de otros por el estilo;
— cuando el tiro se realiza con efecto hacia dentro de la portería, la ventaja para los atacantes es mayor;
— el mejor posicionamiento para los atacantes consiste en situarse en una línea imaginaria que va del córner al ángulo opuesto del área de meta;
— en estos casos, es conveniente disponer una segunda línea de rechace.

Especialmente en la acción estratégica de los atacantes, a la hora de ejecutar el saque hay que tener en cuenta las siguientes circunstancias:

— el balón se ha de golpear a media altura a la hora de sacar;
— la pelota debe permanecer fuera del alcance del portero;
— se sacará con efecto hacia dentro;
— se limitará la libertad del portero colocando jugadores delante de él;
— los atacantes deben moverse antes de ejecutarse el saque para desorientar a la defensa;
— se pueden lanzar balones rasos al primer palo y con potencia;
— también se pueden disparar balones a media altura y al primer palo;
— puede realizarse un pase en corto a un compañero y hacer el uno dos;
— se pueden alternar saques cerrados y abiertos;
— el punto de penalti ofrece muchas posibilidades para marcar;
— hay que tener estudiados los lanzamientos al primer y segundo plano para crear espacios libres, con maniobras de colaboración y uso de fintas;
— la entrada más eficaz consiste en desplazarse en diagonal hacia el remate.

Existen varios tipos de saque. Pueden clasificarse de la siguiente manera:

— *largo:* se dirige al segundo poste; varios jugadores arrastran a los defensores al primero; detrás de ellos deberá entrar algún jugador que rematará a portería (fig. 172);
— *medio:* un ejemplo es aquel en el que se envía un balón al primer poste y se efectúa una prolongación hacia atrás, entrando al remate de ese balón otro compañero (figs. 173 y 174);
— *corto:* un ejemplo sería el saque en corto hacia un lateral que centraría al segundo poste para que un compañero entrara con ventaja a rematar la pelota (fig. 175).

 **CURSO DE ENTRENADOR DE FÚTBOL**

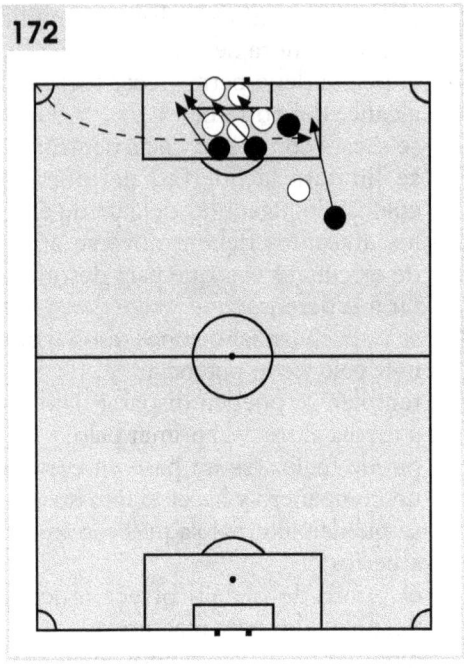
Lanzamiento largo

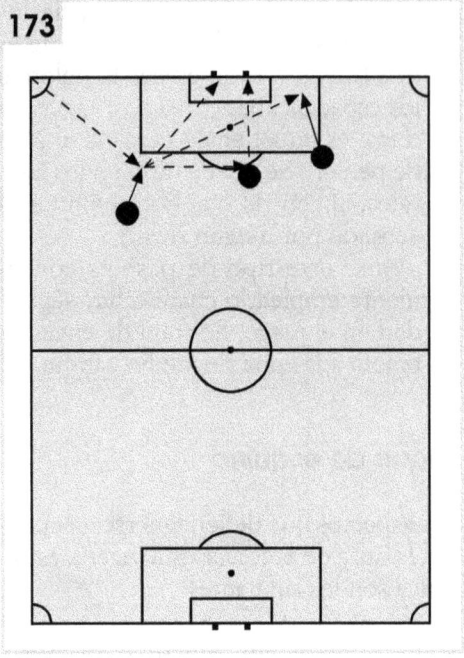
Lanzamiento medio

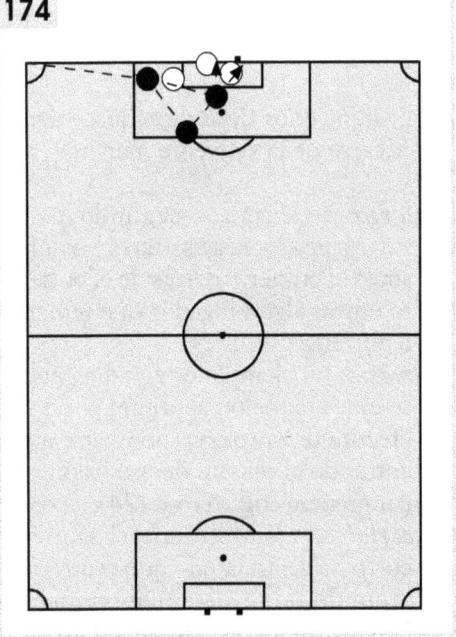
Lanzamiento medio

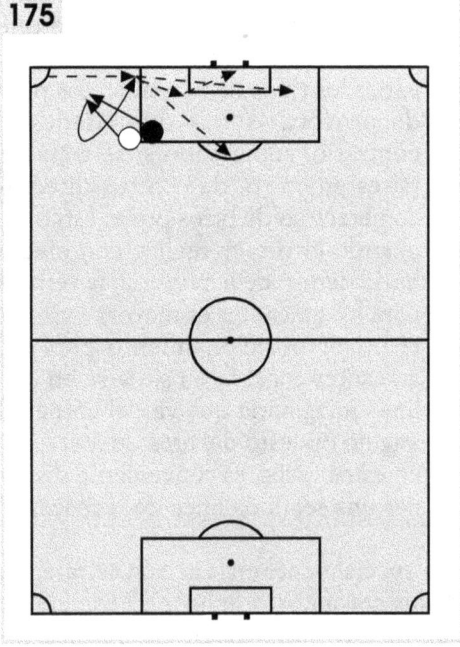
Lanzamiento corto

LA ESTRATEGIA

Saque libre indirecto

Cuando el lanzamiento es cercano al área contraria son muy importantes los movimientos de los compañeros ya que muchas veces son ellos quienes la finalizan. Existen distintas fórmulas para su entrenamiento de este tiro:

— picar el balón por encima de la barrera;
— sacar mediante un toque suave hacia un compañero que está cerca, que es quien tira;
— ejecutar el saque anterior, si bien un compañero realiza una parada previa con la planta del pie;
— realizar el mismo saque, haciendo que pase el balón entre las piernas de un compañero que simula colocarlo; a continuación, para el balón y lo prolonga hacia atrás para que finalmente otro compañero tire a puerta;
— se colocan dos compañeros del lanzador, uno a cada lado de la barrera. El lanzador golpea fuerte el balón hacia uno de los compañeros, quien realiza con el interior del pie y entre sus piernas una pared con el otro compañero, que girando detrás de la barrera, la recogerá y disparará;
— con el balón totalmente paralelo a la línea frontal, se efectúa el tiro;
— si el lanzamiento no es perpendicular al marco, aprovechando la falta de defensores por la parte externa, se puede sorprender entrando a gran velocidad para disparar o retrasar;
— si las faltas tienen lugar dentro del área, muy cerca de la portería, los lanzamientos más eficaces son aquellos que se efectúan con la máxima potencia y cuya trayectoria es de abajo arriba. Muchos jugadores, por acto reflejo, se apartan de la trayectoria, esquivando el golpe.

Hay que recordar que, para que el balón esté en juego, es preciso que dé una vuelta sobre su circunferencia y sea tocado por un jugador distinto al que realiza el saque.

Defensivamente, hay que adiestrar a los porteros en la colocación de las barreras. El número de jugadores que la integran será mayor cuanto más cerca de la portería se efectúe el lanzamiento. Hay que incrementar la densidad en el espacio de lanzamiento, pues favorece la tarea defensiva.

La anticipación es un elemento clave en este tipo de jugadas, sobre todo en los tiros libres indirectos, en los que se realiza una segunda jugada. Es necesario mentalizar a los jugadores para que no cierren los ojos o eviten los golpeos del balón.

En las figuras 176, 177, 178 y 179 pueden verse algunos ejemplos de estrategia de tiros libres indirectos.

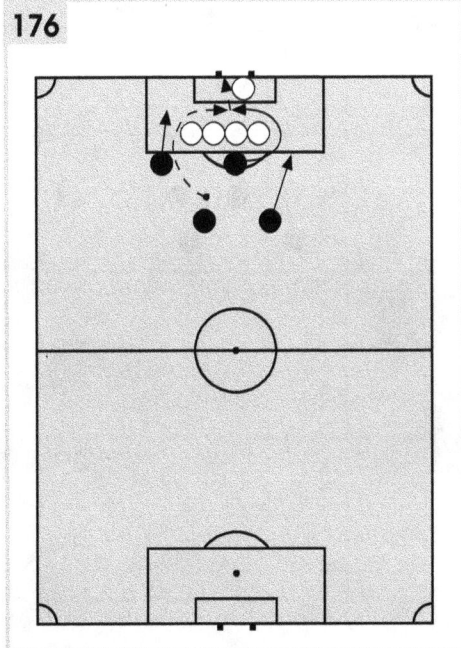

Jugada de estrategia para el libre indirecto

 **CURSO DE ENTRENADOR DE FÚTBOL**

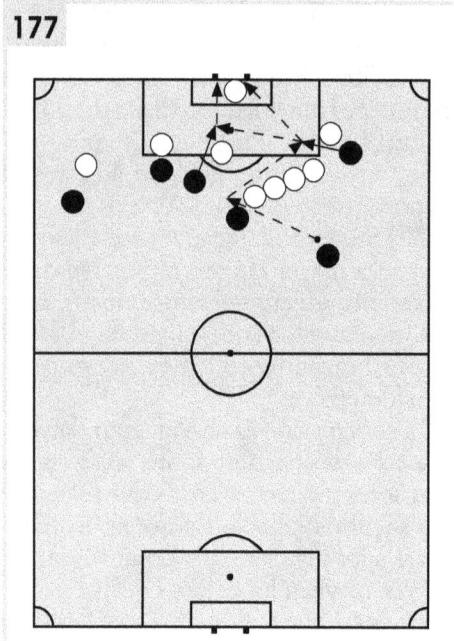

Movilidad estratégica para tiro libre indirecto

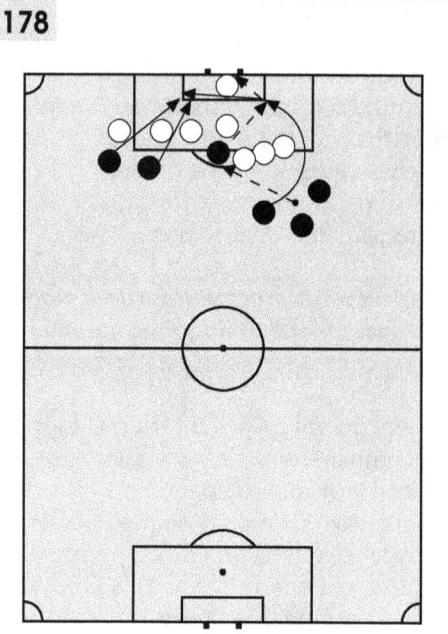

Otra variante para esta jugada de estrategia

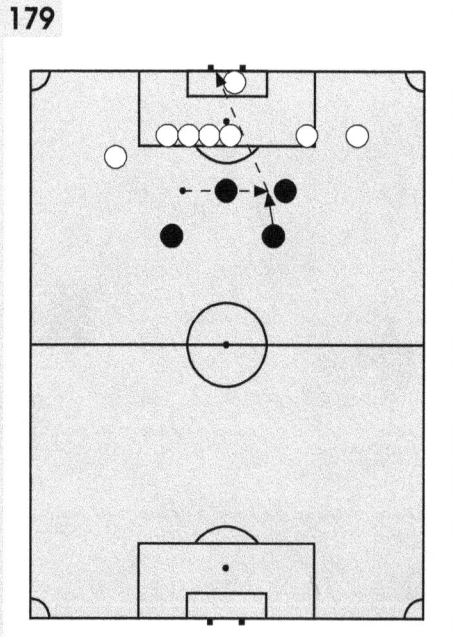

Tiro libre indirecto desde una posición frontal

Saque libre directo

Se recomienda el tiro directo cuando el portero está mal situado, cuando los jugadores reducen el campo de visión de este o si se observa que la barrera se puede traspasar. Debe golpearse rápidamente y con exactitud.

Se puede contar con movimientos de compañeros que distraigan al contrario de la acción final. El diseño de estos movimientos depende de la creatividad de los preparadores.

Son tiros que deben jugarse rápidamente, en zona ofensiva, para sorprender al contrario e impedir su reorganización defensiva.

La eficacia de estos lanzamientos depende de varios factores: la colocación de la barrera por parte del adversario, la habilidad del lanzador, el ángulo de tiro y la distancia de los jugadores que

LA ESTRATEGIA

no intervienen directamente en el lanzamiento. Estas maniobras son muy importantes, ya que los lanzamientos directos pueden convertirse en indirectos, aprovechando la sorpresa y el engaño que pueden darse con una posible segunda jugada.

El entrenamiento de los tiros libres directos tiene está basado en la técnica individual. Así, debe practicarse desde todas las posiciones de tiro en zona ofensiva, colocando una barrera artificial o en situación real de juego, contando con la colaboración de los compañeros en la jugada diseñada (figs. 180 y 181).

Penalti

Se ejecuta con un tiro preciso y seco. Las reglas de juego permiten incluso que se pueda realizar entre dos, siempre que el compañero esté fuera del área antes de que el lanzador golpee el balón.

Si el poste rechaza el balón, el lanzador no podrá tocarlo de nuevo, pero sí un compañero. Sin embargo, si lo rechazase el portero, el lanzador podría rematar de nuevo.

El portero se situará en el centro del marco, en la línea de meta, aunque puede dejar un poco más al descubierto su mejor lado para engañar al lanzador. No puede levantar los pies antes de que quien realiza el tiro toque el balón, aunque sí puede hacer una finta con el cuerpo.

A la hora de lanzar un penalti debe tenerse en cuenta lo siguiente:

— se debe hacer con precisión y potencia;
— hay que conocer el reglamento acerca de la ejecución del tiro de penalti;

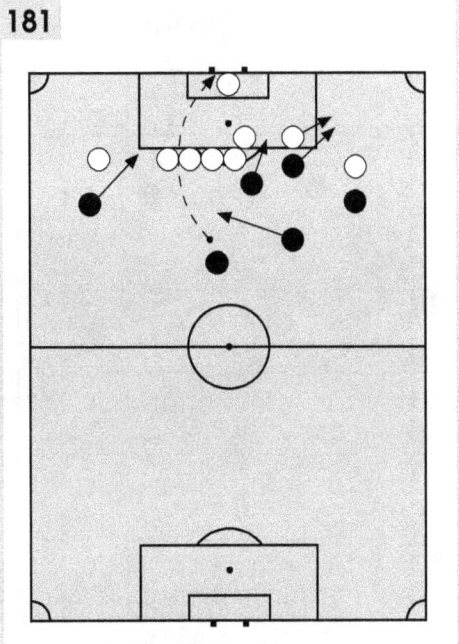

Tiro libre directo desde la izquierda   *Tiro libre directo desde una posición centrada*

- debe realizarlo el jugador más estable psicológicamente y que además debe poseer la capacidad y la calidad técnica requerida;
- el jugador que va a realizar el lanzamiento debe colocar el balón a la distancia correcta: once metros;
- es muy importante mantener la tensión de los jugadores que se colocan al borde del área para aprovechar un posible rechazo;
- el lanzador no debe cambiar de opinión en el momento del golpeo, puesto que el cuerpo no está dispuesto para la ejecución de dicho gesto y es muy fácil que falle el tiro;
- puede ser muy eficaz realizar una «parada» antes de golpear: así se puede aprovechar para adivinar la intención del portero.

Saque de banda

A pesar de su importancia estratégica, a menudo no se le presta demasiada atención.

Debe ejecutarse rápidamente para no marcar a los compañeros. También pueden practicarse maniobras para despistar y abrir espacios libres donde efectuar con ventaja el saque.

Los saques en zona ofensiva se convierten, en la práctica, en centros, por lo que es preciso entrenar al jugador en el saque a fin de aumentar su potencia en los brazos.

Estos saques pueden lanzarse en cualquier dirección y trayectoria; no obstante, lo importante es progresar hacia la portería contraria y continuar con la iniciativa del juego (figs. 182-185).

Algunos ejemplos prácticos de saques serían:

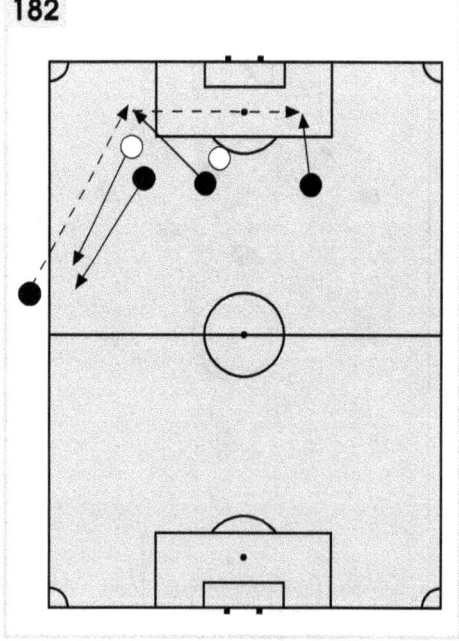

Saque de banda con despeje por la espalda

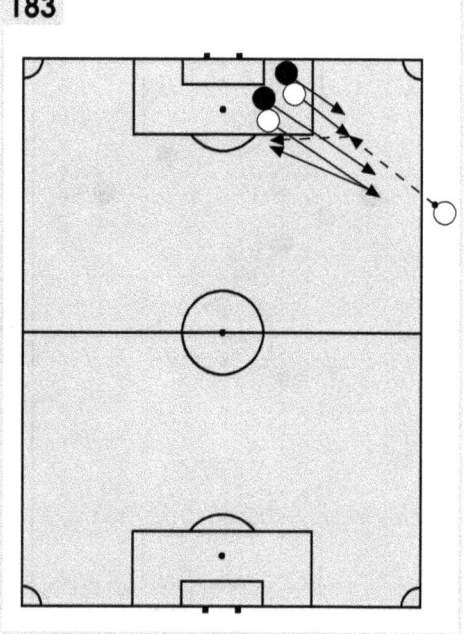

Saque de banda con ataque frontal del balón

LA ESTRATEGIA

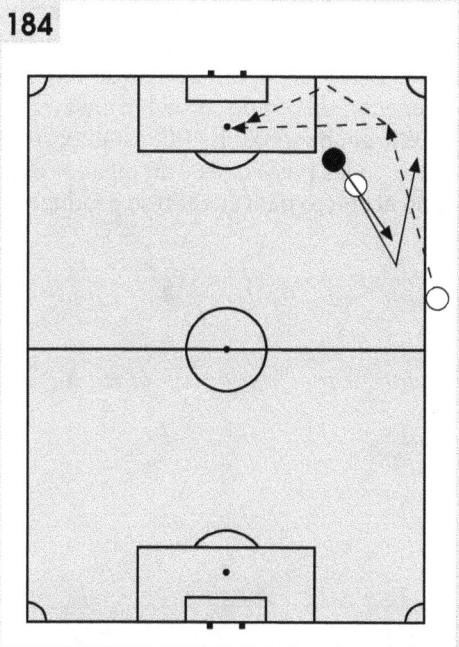

Saque de banda con rápido cambio de dirección

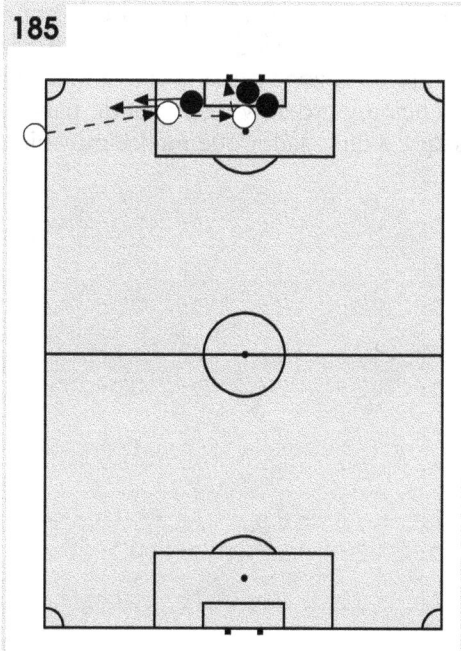

Saque de banda directo al interior del área

- sobre el punto de penalti, si se tienen jugadores que dominen el juego de cabeza;
- sacar hacia un jugador, y que este devuelva el balón a quien saca;
- intercambiar los puestos, sacando en profundidad hacia el jugador que entra;
- realizar evoluciones engañosas, enviando al jugador que desborda por velocidad o a otro que se sitúa en una posición ventajosa;
- el extremo se acerca al lanzador, el marcador le sigue y el delantero centro entra veloz al espacio libre creado por el extremo;
- sacar en diagonal hacia el espacio libre dejado por el delantero centro, que arrastra al central;
- lanzar al primer poste, donde un compañero realizará una prolongación de cabeza para que otro entre y remate a puerta;
- el delantero se acerca al lanzador, y el marcador le sigue, efectúa un cambio de ritmo y de sentido y sale por detrás de su marcador para desmarcarse de su ruptura. El lanzador enviará el balón a la espalda del defensor.

Para contrarrestar este tipo de acciones estratégicas es preciso que los jugadores dominen sobre todo la anticipación.

Saque neutral o balón a tierra

Este tipo de saque suele producirse de forma muy esporádica. No obstante, hay que tener especialmente en cuenta la zona del campo en la que se produce.

De este modo, si se tratase de la zona defensiva, los jugadores deberán distribuirse en la zona cercana con la máxima atención y orden, y disponiendo para el saque a un jugador que realice muy bien el *tackle*.

Se puede diseñar una colocación ofensiva y defensiva dependiendo del lugar. Estas situaciones hay que tenerlas en cuenta, si bien no se suelen ensayar en los entrenamientos. Es útil establecer un orden en las posiciones y un jugador asignado al efecto para cuando se produzcan.

LAS TÁCTICAS DE JUEGO

Son aquellas acciones de ataque y defensa que pueden realizarse para sorprender o contrarrestar a los adversarios en el transcurso del partido con el balón en juego.

La táctica se explica mediante una serie de principios ofensivos, defensivos, sistemas de juego y organización del mismo.

Principios tácticos ofensivos

Son aquellas acciones tácticas y estratégicas que puede desarrollar un equipo cuando se encuentra en posesión del balón.

Estas acciones han de contemplar, para que sean eficaces, una serie de consideraciones:

— son fundamentales los cambios de ritmo;
— además de la profundidad, hay que tener en cuenta los pases laterales o hacia atrás para abrir espacios en la defensa adversaria;
— es muy importante subir unidos, progresiva y escalonadamente;
— hay que elaborar acciones variadas y alternadas en el juego ofensivo;
— los cambios de orientación son fundamentales en el juego ofensivo, después de concentrarse y agruparse en una banda;
— hay que favorecer el juego por banda ante defensas pobladas;
— la presión y la rapidez constituyen los dos principios esenciales para realizar un ataque eficaz.

A continuación, trataremos los principios ofensivos que deben entrenarse, perfeccionarse y organizar en acciones combinadas.

Desmarques

Permiten escapar de la vigilancia de un adversario una vez que nuestro equipo se haya apoderado del balón. El desmarque, en consecuencia, es aquella acción en la que los jugadores ocupan los espacios libres cuando un compañero se hace con la posesión del balón.

De este modo, el jugador que se desmarca consigue atraer la atención de los adversarios y facilita de este modo la labor de quien conduce el balón (figuras 186 y 187).

Se trata de un elemento táctico importantísimo para progresar y llegar con eficacia a la portería contraria. Sin embargo, para obtener buenos resultados hay que tener en cuenta lo siguiente:

— el desmarque deben realizarlo todos los jugadores del equipo, incluido el portero;
— el momento idóneo para llevarlo a cabo es cuando el equipo se apodera del balón;
— debe realizarse ocupando las zonas libres del terreno de juego en función de las posibilidades de golpeo del compañero que lleva el balón, a fin de facilitarle el juego;
— es preciso realizarlo en cualquier zona del campo que sea útil a la jugada.

Existen dos tipos de desmarques: los de apoyo y los de ruptura.

Los desmarques de apoyo son todas aquellas acciones cuya finalidad principal es ofrecer ayuda a un compañero que se encuentra en posesión del balón. De este modo, pueden adoptarse soluciones diversas, como, por ejemplo, desplazarse en sentido lateral, detrás de un compañero con balón, o bien acercándose frontalmente. Suelen utilizarse para conservar el balón, controlar el juego, mantener un resultado favorable, sorprender al contrario con cambios de ritmo u orientación o también para que el contrario salga de zonas defensivas, para desmoralizarlo o sorprenderlo con desmarques de ruptura.

Los desmarques de ruptura son aquellos movimientos que realiza un jugador sin balón cuando adelanta al compañero que lleva la pelota o bien reduce la distancia con la portería contraria, rebasando al marcador y buscando la progresión (fig. 188). Son fundamentales para dar velocidad y profundidad a las acciones ofensivas, así

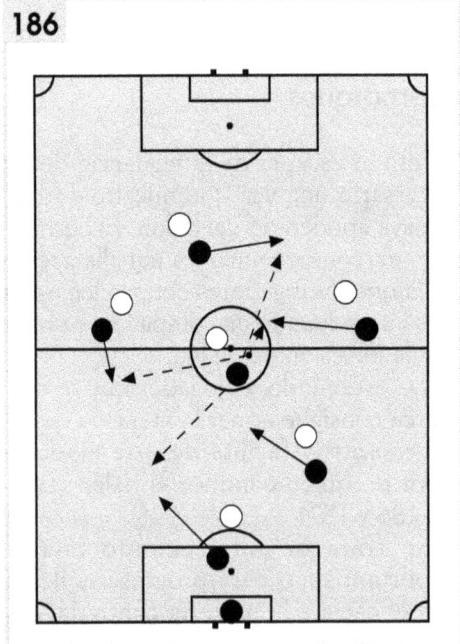

186

Desmarques de apoyo

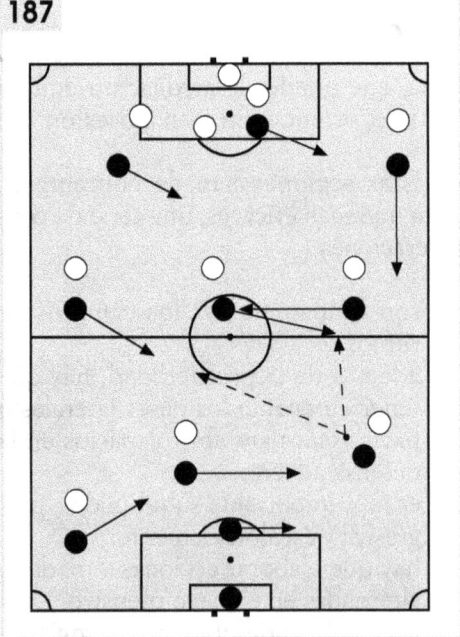

187

Otra variante en los desmarques de apoyo

LAS TÁCTICAS DE JUEGO

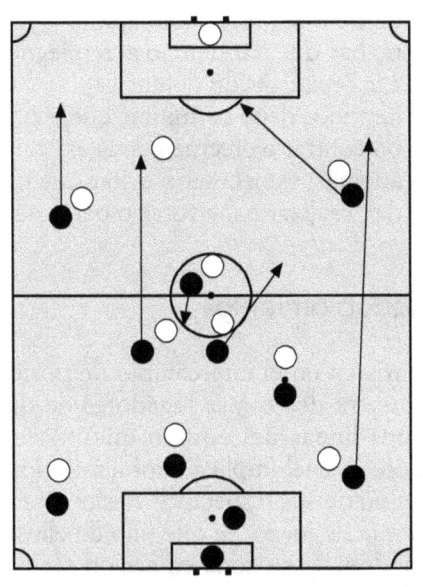

Desmarque de ruptura

Ataques

Con esta acción se intenta llegar a la portería contraria con el balón, después de haberlo puesto en juego o de haberlo recuperado (fig. 189).

Para ello, el equipo debe tener ensayadas unas jugadas de acuerdo con las características tácticas, técnicas y físicas de los jugadores.

En las jugadas deben participar la mayoría del equipo. Para ello, habrá que procurar que estas sean fáciles de entender y de ejecutar.

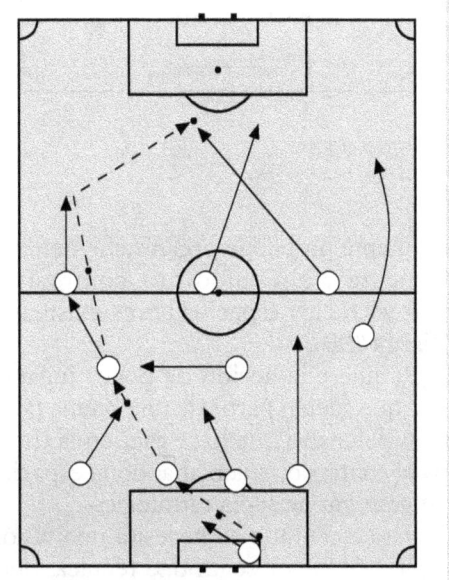

Ataques

como para llegar en condiciones óptimas a la meta contraria.

En el entrenamiento de los desmarques hay que tener en cuenta la edad de los jugadores, puesto que esta táctica exige grandes esfuerzos. Por ello, la mejor solución es un aprendizaje progresivo.

En el fútbol base pueden entrenarse los desmarques para obtener las siguientes ventajas:

— dar posibilidades al poseedor del balón;
— conseguir profundidad;
— conservar la posesión del balón y el control de juego;
— desgastar físicamente al adversario;
— desorientar y sorprender al oponente;
— anticiparse al juego;
— imponer un ritmo de juego.

Contraataques

El objetivo principal de todo contraataque es robar el balón al contrario e intentar llegar a la portería rápidamente, sorprendiéndole. De esta forma, el

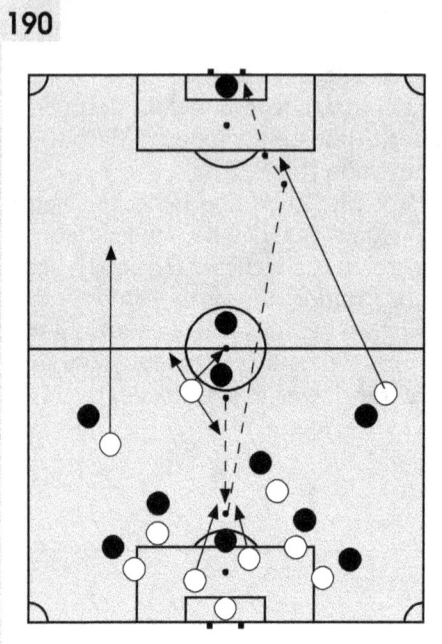

Contraataques

oponente no puede organizarse defensivamente y el equipo que contraataca aprovecha los espacios libres existentes (figura 190).

Requiere la acción de pocos jugadores, que suelen partir de una buena posición defensiva que hace caer en la trampa al contrario, quien abandona espacios de gran importancia estratégica.

Para ejecutarlo se necesita una visión rápida de juego, seguridad técnica, buenos desmarques de ruptura (en diagonal, preferentemente, para evitar con los cruces el fuera de juego) y una buena finalización.

Algunos aspectos que deben tenerse en cuenta son los siguientes:

— hay que esperar en los lugares adecuados, que se habrán elegido previamente;

— los jugadores deberán sorprender a sus adversarios con un *pressing* seguido de una progresión rápida;
— no hay que dar tiempo al repliegue ni a la organización defensiva;
— tampoco debe permitirse que el equipo contrario efectúe marcajes;
— además, es necesario evitar que puedan realizar coberturas o permutas.

Desdoblamientos

Consisten en el intercambio de posiciones entre dos o más jugadores de diferentes líneas del equipo que posee el balón, lo cual implica también un intercambio de sus respectivas misiones en el sistema de juego, ya que uno de ellos ha abandonado su zona en acción ofensiva y el compañero más cercano ocupa su lugar. Es más, no puede olvidarse que el primero, en el momento en que el balón pase a estar en posesión del contrario, debe tomar la posición y la misión del que le dobló. Se trata, en consecuencia, de un intercambio que permite atacar sin que el sistema se resienta y se pierda el equilibrio (fig. 191).

Espacios libres

Son aquellos lugares del campo que se hallan desiertos por haber sido abandonados previamente. El movimiento es el siguiente: un compañero del poseedor del balón y su marcador se desplazan del lugar (lo cual crea un espacio libre) mientras lo ocupa otro compañero para aprovecharlo cuando el balón llega en las debidas condiciones.

Los aspectos que deberán tenerse en cuenta para realizar bien esta acción táctica son una buena dosis de sacrificio, un

LAS TÁCTICAS DE JUEGO

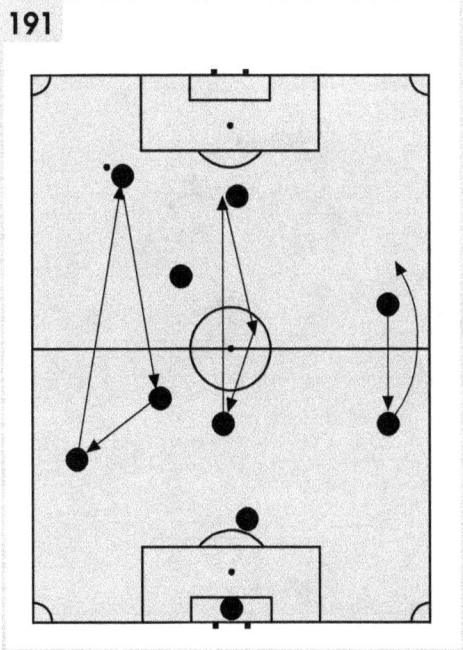

Desdoblamientos

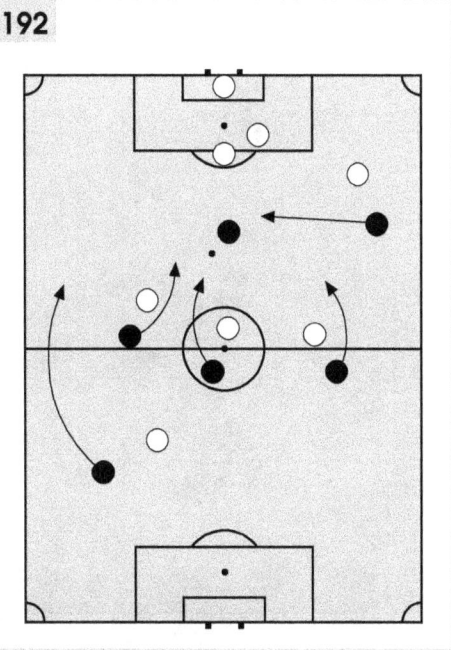

Apoyos

excelente dominio de los desmarques, una visión clara del campo de juego y una perfecta técnica de pase.

Sin duda, se trata de una de las acciones tácticas más importantes ya que hoy en día el fútbol no se concibe sin espacios libres ni velocidad.

Apoyos

Con estas acciones, los jugadores, por medio de desmarques, cercanos o lejanos, facilitan el juego de quien lleva el balón.

Pueden ser realizados por todos, incluido el portero, y en cualquier lugar del terreno de juego.

Los apoyos pueden ser laterales, diagonales, en profundidad, desde delante y desde detrás (fig. 192).

Ayudas permanentes

Son todas aquellas soluciones favorables que ofrecen al poseedor del balón sus compañeros de equipo en cualquier momento y circunstancia (fig. 193).

Es una colaboración efectiva y constante a través de apoyos, desmarques, etc. La movilidad de los hombres sin balón es básica.

Paredes

Consisten en la entrega y devolución rápida del balón entre dos o más jugadores del mismo equipo.

Son jugadas rápidas en las que quien recibe el balón debe devolverlo al primer toque para salvar la presencia de un contrario.

 CURSO DE ENTRENADOR DE FÚTBOL

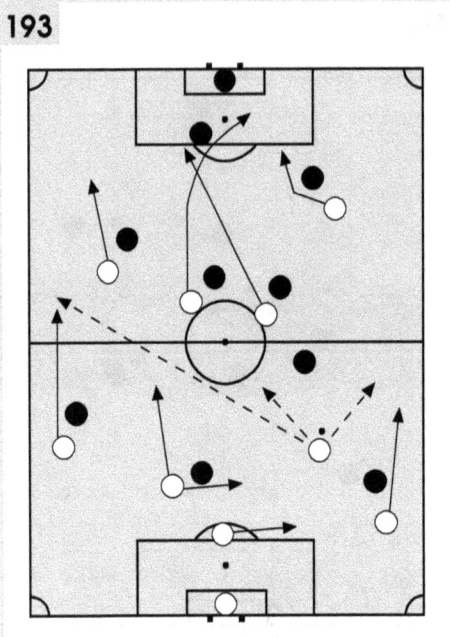

Ayuda permanente. Movilidad

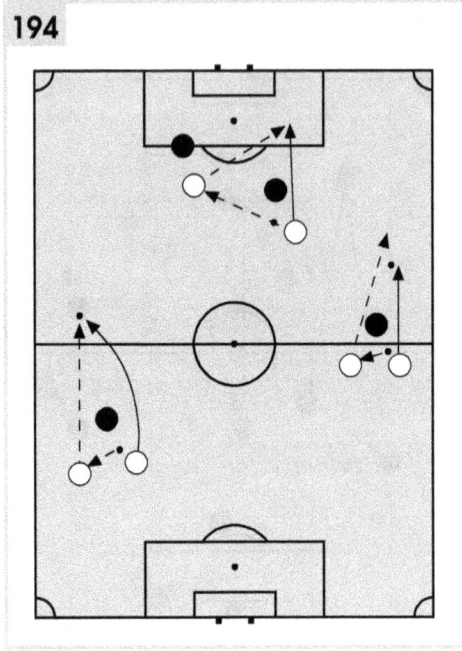

La pared 1-2

La pared puede realizarse en corto, en largo, con balones rasos, elevados, devolviendo con la cabeza, sencilla (el 1-2; fig. 194) o doble (el 1-2-3), etc.

Temporizaciones

Consisten en realizar acciones lentas, ejecutadas con astucia durante el juego, para obtener una ventaja táctica el equipo que las realiza.

Se efectuan múltiples controles del balón sin desplazamientos en profundidad, dando prioridad al control (fig. 195).

Carga

Es la acción que realiza un jugador sobre el adversario empujándole con el hombro, sin violar el reglamento, cuando

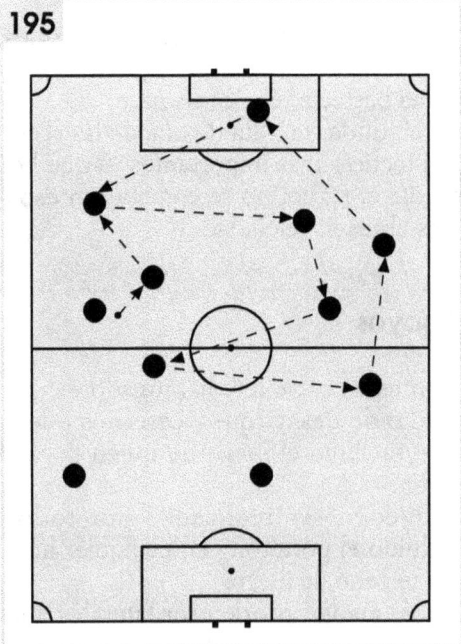

Temporizaciones

LAS TÁCTICAS DE JUEGO

este se encuentra en posesión del balón o intenta apoderarse del mismo.

Conservación del balón o control del juego

El equipo realiza acciones continuas sin perder la pelota, desplegándose y maniobrando sin otra acción aparente que la de disponer de la iniciativa y del balón.

RITMO DE JUEGO

Se pone de manifiesto cuando el equipo mantiene la intensidad de las acciones sin cambio aparente desde el principio hasta el final del partido.

El ritmo es esencial, tanto en ataque como en defensa. Supone un gran riesgo, puesto que cuanto mayor sea el ritmo, más rápido será el juego y habrá más peligro de provocar errores.

En el transcurso del partido, cuando haya que maniobrar en contraataque desde posiciones defensivas, puede ser peligroso hacerlo de forma acelerada. En estos casos puede resultar conveniente un ritmo más pausado en esa fase inicial, puesto que la precisión es vital. En zonas ofensivas, por otra parte, puede ser necesario efectuar cambios de ritmo para sorprender al contrario. Si el equipo, en un momento dado, posee una superioridad numérica sobre el adversario, el cambio de ritmo será todavía más aconsejable.

Entre un juego preciso y elaborado, cuya finalidad es conservar el balón, y otro rápido, variado y dinámico, existen muchas soluciones intermedias. Lo más importante es que el adversario no pueda adaptarse a ningún sistema determinado. Por ello, conviene acelerar el juego en el momento más oportuno.

LOS CAMBIOS DE RITMO

Hay que alternar la lentitud con la velocidad, así como los cambios en la trayectoria del balón, a fin de desorientar al adversario. Los cambios de ritmo pueden ser individuales o colectivos.

Los individuales se manifiestan por aumentar y disminuir la velocidad de la carrera y del balón, alternar las superficies de contacto, alternar pausas lentas con otras rápidas en el transcurso de la jugada, y realizar cambios de dirección (zigzag).

Los colectivos se manifiestan por cambios de velocidad y dirección de los jugadores, cambios de velocidad y dirección del balón, alternancia del juego lento y corto con el juego largo y rápido y acciones lentas en su inicio y rápidas en su finalización.

Cambios de orientación

Se caracterizan por envíos largos, medios o cortos del balón. Se puede realizar toda una extensa gama de acciones de cambio de orientación del juego cuyo fin es cambiar la trayectoria de la jugada de una forma más o menos sorprendente (fig. 196).

Velocidad en el juego

Son todas aquellas acciones rápidas que se logran tras realizar golpeos precisos y orientados del balón y movimientos de los jugadores.

Hay que poner especial cuidado al enseñar y aplicar este principio, pues el jugador confunde con facilidad la velocidad con la precipitación (acción irreflexiva), lo cual va en contra de la velocidad (fig. 197).

 CURSO DE ENTRENADOR DE FÚTBOL

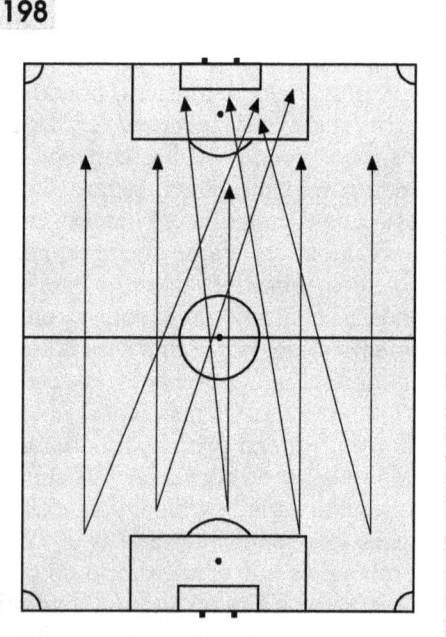

Cambios de orientación

Progresión en el juego

Se define así el conjunto de acciones que son realizadas por el equipo con continuidad y de forma perpendicular a la portería contraria (fig. 198).

En el ataque hay que tener en cuenta dos aspectos: la profundidad (consistente en atravesar las líneas hasta estar en posición de remate) y la amplitud (que consiste en aprovechar todo el ancho del terreno de juego a la hora de efectuar la acción atacante). La movilidad de los jugadores es el aspecto clave que se ha de trabajar en estas situaciones.

Vigilancia

Son aquellas acciones sobre los adversarios en las que un número reducido de jugadores evoluciona poniendo gran

Velocidad y ritmo rápido en el juego

Progresión en el juego

LAS TÁCTICAS DE JUEGO

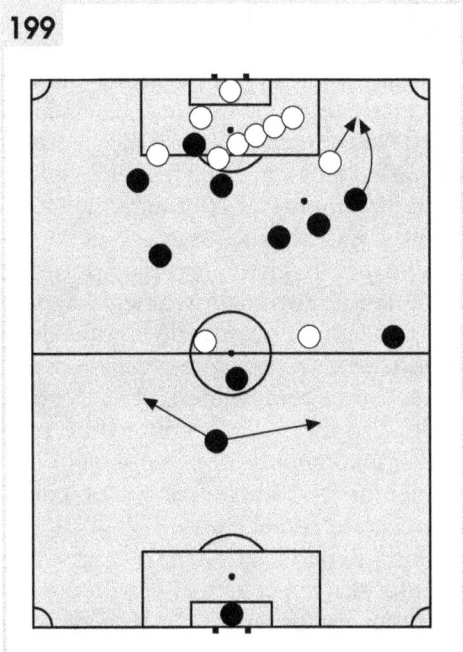

La vigilancia en una falta

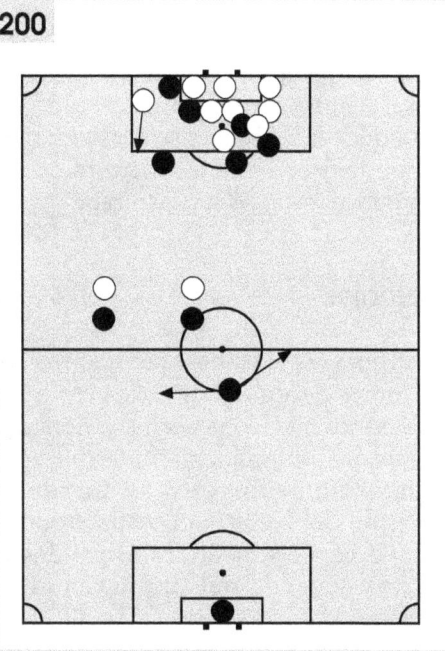

La vigilancia en un córner

atención en el campo y en los adversarios a fin de prever cualquier contratiempo en el caso de que se intente arrebatar el balón a su compañero (figs. 199 y 200).

Algunos ejemplos de estas acciones pueden verse cuando se saca un córner y no todos van al remate, cuando se lanza una falta y no todos van al remate o cuando ataca un lateral y el hombre libre vigila la zona del mismo.

Se trata de una acción táctica de prudencia que no tiene por qué coartar la ofensiva del equipo o del jugador.

Principios tácticos defensivos

Una vez que el equipo ha perdido el balón, empieza el trabajo defensivo, que no cesa hasta que se logre su recuperación. Es importante que todo el equipo se sienta comprometido con esta tarea, y no solamente los elementos defensivos.

La organización del juego defensivo determinará las tareas y responsabilidades concretas de cada jugador, sobre todo en lo que se refiere al marcaje y a la cobertura, ya que se obliga al jugador a que se responsabilice de un adversario (marcaje hombre a hombre), de una zona del campo (marcaje zonal) o de ambos (marcaje mixto).

La igualdad numérica a la hora de defender es una condición esencial para la protección de la portería.

Es importante que el marcaje y la cobertura a los compañeros sea complementaria, para evitar que los adversarios se muevan a espaldas de los defensores.

Hay que decir también que el entrenamiento de las acciones defensivas requiere una mentalización de comprensión, acuerdo y ayuda mutua a los compañeros para lograr que funcione de la manera más eficaz posible.

La recuperación del balón ha de realizarse cuanto antes. De este modo, se evita que los jugadores se cansen demasiado rápidamente. La cobertura defensiva deberá estar bien organizada.

Marcajes

Son todas las acciones que realizan los jugadores de un equipo respecto a sus adversarios cuando poseen la pelota.

Hay que empezar con el marcaje en el mismo momento que se pierde la posesión del balón y lo realiza todo el equipo con las misiones asignadas al efecto (depende del tipo de marcaje establecido).

CUADRO GENERAL DE MARCAJE

Aspecto individual	Aspecto colectivo
Marcaje al hombre	Marcaje combinado
Marcaje por zonas	Coberturas
Marcaje mixto	Permutas Repliegue Pressing

ASPECTO INDIVIDUAL

Decidir qué tipo de marcaje se realiza en el equipo depende del ánimo y de las características de los jugadores de los que se dispone. Es decir, depende de la capacidad defensiva de los jugadores del equipo.

El marcaje al hombre

Consiste en seguir al jugador contrario de cerca para evitar que reciba el balón o pueda hacerlo en el preciso momento en el que se lo pasen, arrebatárselo e iniciar inmediatamente el contraataque (figura 201). Este tipo de acción no debe realizarse por iniciativa propia, sino que debe ser el entrenador quien asigne a cada jugador el contrario al que debe acosar. La estrategia que debe adoptarse posee cierta complejidad, pues es necesario disponer a un hombre libre para prever cualquier error y que se haga cargo del juego si su compañero no consigue hacerse con el balón.

Por otra parte, no puede olvidarse que cuanto más cerca esté el atacante de la portería, menor será la distancia de marcaje.

Las ventajas de este principio defensivo son las siguientes:

— los adversarios no se ven libres de su oponente, cuya presencia es continua;
— los atacantes son obstaculizados cuando reciben el balón;
— se procede de una forma sencilla, que es fácil de entender y de ejecutar por todos los jugadores;
— permite que toda la atención y el esfuerzo del jugador se centren en su contrario.

Sin embargo, este tipo de marcajes posee ciertos inconvenientes que deben tenerse en cuenta:

— un fallo individual entraña mucho riesgo, ya que la cobertura en este caso es muy difícil de realizar;
— el trabajo de anticipación es más peligroso, puesto que puede fallar y dejar

LAS TÁCTICAS DE JUEGO

al contrario el suficiente terreno libre como para progresar, sin que exista cobertura;
— cada jugador debe hacerse cargo de su propia zona, sin esperar la ayuda de sus compañeros;
— se requiere una gran condición física para perseguir al contrario, lo que supone un desgaste físico y psíquico importante;
— el equipo que practica este juego posee menos iniciativa;
— a menudo un jugador puede perder su zona y su eficacia disminuye, ya que las técnicas aprendidas pueden ser insuficientes cuando debe jugar en otras condiciones;
— el juego ofensivo se resiente de manera notable, puesto que obliga a estar pendiente del contrario de forma muy acentuada.

201

Marcaje al hombre

El marcaje por zonas

Este marcaje se realiza cuando un jugador tiene asignada una parcela en el campo. De este modo, cuando un contrario se encuentra en dicha parcela, el defensor lo marca individualmente (figura 202).

En consecuencia, este jugador es responsable de una zona del campo e interviene cuando entra el balón, un jugador o ambos. Su finalidad inmediata será apoderarse del balón para realizar un contraataque.

El equipo se organizará de manera que haya varias líneas escalonadas que impedirán el desarrollo de las jugadas del equipo contrario.

Las ventajas de este sistema de marcaje son las siguientes:

— el defensor no abandona su puesto en ningún momento;
— los fallos individuales son corregidos por el jugador siguiente, con lo que se asegura una gran cobertura durante la jugada;
— una vez que se está de nuevo en posesión del balón, se producen contraataques rápidos, puesto que los espacios dejados por el contrario son grandes;
— se obliga, en principio, a que los atacantes deban tirar desde lejos, puesto que los espacios peligrosos están cubiertos;
— se establece una relación solidaria y un trabajo cooperativo.

Los inconvenientes que puede ocasionar este tipo de marcaje son, en general, los siguientes:

— dos o más atacantes pueden invadir la zona que haya sido asignada a un

solo defensor, por lo que en algunas circunstancias el contrario podría tener una gran superioridad numérica;
— la iniciativa del juego, en cierta medida, se deja al adversario;
— la eficacia no es buena si no se reducen las zonas a espacios pequeños; de este modo, existe una gran dificultad para controlar con cinco o seis jugadores la mitad del campo propio;
— se corre el riesgo de que se deje la zona en manos del compañero, para que él, que comparte tarea defensiva en la zona colindante, se encargue de la situación;
— puede fomentar cierta relajación y falta de agresividad, pues los jugadores alejados de la zona donde no se halle el balón tal vez no se impliquen.

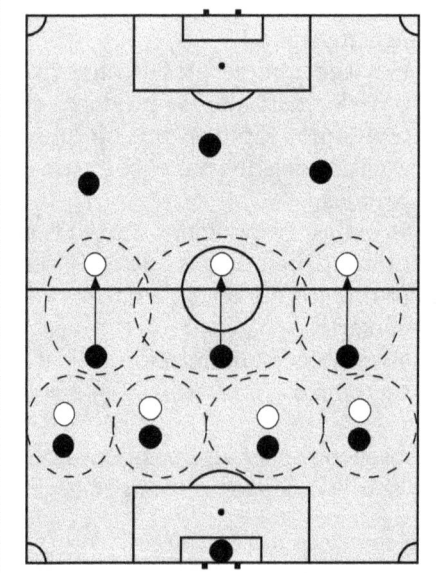

Marcaje por zonas

El marcaje mixto

Consiste en que un jugador tenga una zona asignada, de manera que cuando pase un jugador contrario por ella y la jugada que se esté desarrollando entrañe algún riesgo, el defensor lo marcará hasta que la jugada finalice, momento en el que el defensor se desentenderá del jugador y volverá a su zona (figura 203).

El marcaje mixto, en consecuencia, permite anular al atacante más peligroso durante una jugada. Se trata de una práctica defensiva que requiere gran coordinación, disciplina, sacrificio, inteligencia e iniciativa.

Puede iniciarse a partir de un marcaje hombre a hombre, en el que el defensor sale de su zona cuando se tiene que atajar un balón en profundidad que se encuentra más cerca que de otro compañero. También se da cuando un contrario representa un eminente peligro de gol, ya que el defensor saldrá de su zona para establecer un marcaje hombre a hombre.

De hecho, este tipo de marcaje puede realizarse siempre que el jugador considere que la situación o la jugada lo exigen.

Las ventajas que presenta este tipo de marcaje son las siguientes:

— es de gran ayuda cuando el jugador contrario entra por medio de contraataques;
— permite que el jugador decida cuál será la mejor defensa que puede realizar;
— permite, en general, que el contrario no encuentre al equipo defensor en inferioridad numérica;
— aumenta notablemente la creatividad de los jugadores.

LAS TÁCTICAS DE JUEGO

Sin embargo, también existen diversos inconvenientes que deben tenerse en cuenta:

— se requiere un esfuerzo físico importante;
— el defensor debe trabajar en zonas que no le son habituales;
— disminuye la capacidad ofensiva;
— es una misión que exige sacrificio e inteligencia, por lo que se debe encargar a jugadores que destaquen por estas cualidades;
— puede haber una falta de reciprocidad en el trabajo por parte de algún compañero, aunque es algo que el entrenador debe tener siempre en cuenta a la hora de preparar la estrategia;
— puede disminuir, con este tipo de trabajo, la capacidad ofensiva del jugador.

Marcaje mixto

ASPECTO COLECTIVO

En este tipo de marcaje se incluyen diversas acciones defensivas como las coberturas, las permutas, los repliegues y el *pressing*.

Marcaje combinado

Se manifiesta cuando no todos los jugadores del equipo realizan el mismo tipo de marcaje.

La labor defensiva del equipo puede ser, dependiendo del momento en que se realice, de marcaje mixto, por zonas o individual.

El aprendizaje

El jugador que marca deberá colocarse entre su adversario directo y la propia portería. Asimismo, deberá conocer las características del jugador que debe marcar para saber qué hacer en cada caso.

Si el equipo contrario ataca en sentido perpendicular, el marcaje deberá realizarse por detrás del jugador atacante, y al lado del contrario en el caso de que se lleve a cabo por la banda opuesta (es decir, lateralmente).

Si es el propio equipo el que ataca, el marcador deberá situarse delante del adversario para dejarlo en fuera de juego y obligar a que sea el atacante quien marque.

Es preciso que el entrenador recuerde a los jugadores cuáles son los tipos de marcaje y las formas de orientarlos y mantener la distancia. Posteriormente, hay que poner en práctica lo aprendido mediante evoluciones, movimientos y acciones conjuntas.

Repliegues

Son aquellos movimientos de retroceso que llevan a cabo los jugadores de un equipo que ha perdido la posesión del balón en su acción ofensiva, volviendo lo más rápidamente posible a las zonas o misiones encomendadas por el entrenador, con el fin de organizar su defensa de la forma más adecuada posible.

Los repliegues pueden ser individuales o colectivos. Lógicamente, pueden realizarlos todos los jugadores de un equipo.

Según el desarrollo del juego, se puede realizar de las siguientes formas:

— repliegue a las zonas de partida (es decir, al puesto asignado inicialmente);
— repliegue a posiciones defensivas;
— repliegue hacia el adversario al que se deba marcar;
— repliegue intensivo, en la propia mitad del campo;
— repliegue de la línea de defensas y *pressing* con puntas y centrocampistas.

Coberturas

Se trata de que un jugador esté en disposición de ayudar a un compañero que puede ser desbordado por el adversario.

Hay dos tipos de cobertura, la que implica la vigilancia de un espacio (figura 204) y la que cubre a un compañero en acción (fig. 205).

Un jugador que cubre estará en disposición de frenar a un adversario que ha desbordado a un compañero. Deberá estar más cerca de su propia meta que el jugador al cual hace la cobertura.

Si un compañero, por ejemplo un lateral, se va hacia delante en una acción ofensiva, un jugador rezagado cubrirá su puesto.

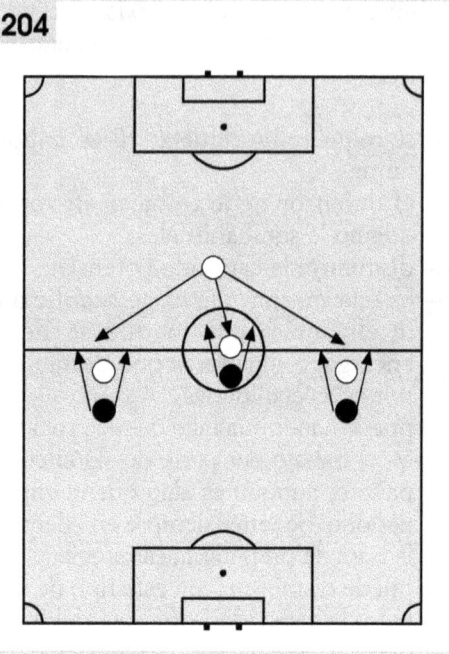
Cobertura sobre una línea de juego

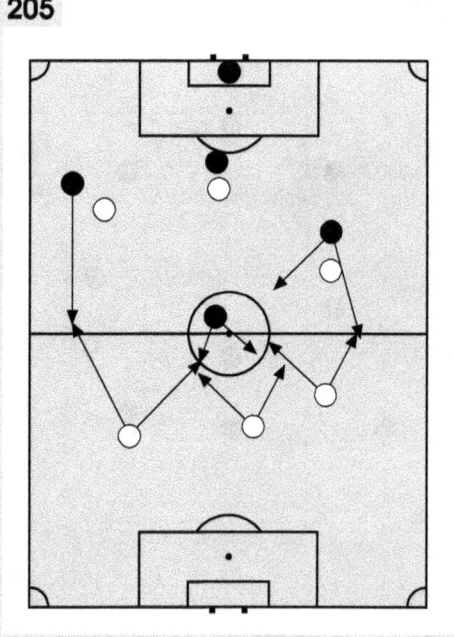
Cobertura con defensa en diagonal

LAS TÁCTICAS DE JUEGO

Permutas

Las permutas son aquellas acciones de un jugador desbordado que procura ocupar con la mayor rapidez posible el lugar o la función defensiva del compañero que, en su ayuda, sale al encuentro del adversario.

Las permutas requieren una gran concentración, sentido del trabajo en equipo, espíritu de sacrificio y saber jugar sin balón (fig. 206).

Desdoblamientos

Comprenden un conjunto de acciones que permiten mantener la ocupación racional del terreno de juego, cubriendo la espalda del compañero ofensivo, de manera que este pueda ocupar el lugar del jugador que le ayudó. Si no puede hacerlo, este deberá hacer el movimiento de otro compañero.

Ayudas permanentes

Son todas aquellas soluciones favorables de carácter colectivo que ofrecen los jugadores a uno de sus compañeros cuando posee el balón.

Vigilancias

Consisten en ocupar zonas importantes para el equipo cuando no se posee el balón ni se manifiesta ningún tipo de marcaje porque no haya adversarios en ese preciso instante.

Temporizaciones

Son todas aquellas acciones lentas, efectuadas con astucia durante el juego, a fin de que el equipo que las lleva a cabo obtenga algún tipo de ventaja táctica.

Cuando el balón, por ejemplo, está en posesión del equipo adversario, habrá que impedir la progresión y elaboración de la jugada.

Entradas

Las entradas son las acciones que realiza un jugador para apoderarse del balón que está en posesión del equipo contrario.

Las entradas, en muchas ocasiones, pueden aprovecharse como elementos tácticos para temporizar, ganar tiempo o evitar la progresión del contrario.

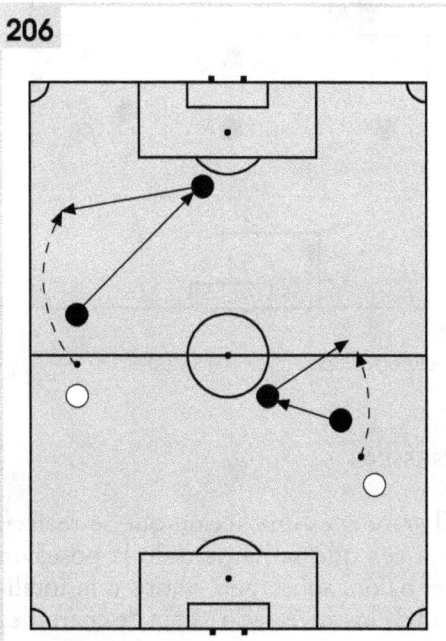

Permutas

Cargas

Las cargas son todas aquellas acciones que se realizan sobre un adversario y que consisten en empujarlo hombro contra hombro (siempre de manera reglamentaria) cuando posee el balón. Evidentemente, este último también puede realizarla.

Anticipaciones

Se trata de acciones que conjugan aspectos físicos y de agilidad mental y que se realizan sobre el atacante que está esperando el balón. Consisten en la labor de obstrucción que debe realizar el defensa para impedir que su adversario reciba el balón a fin de que este cambie de posición (fig. 207).

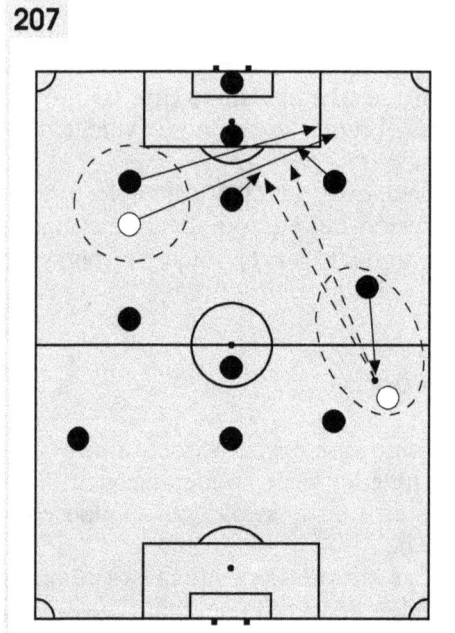

Anticipación

La base para una buena anticipación reside precisamente en una buena orientación respecto al adversario.

Interceptación

Se trata de cortar o desviar la trayectoria del balón lanzado por un adversario, impidiendo que llegue a su destino (figura 208).

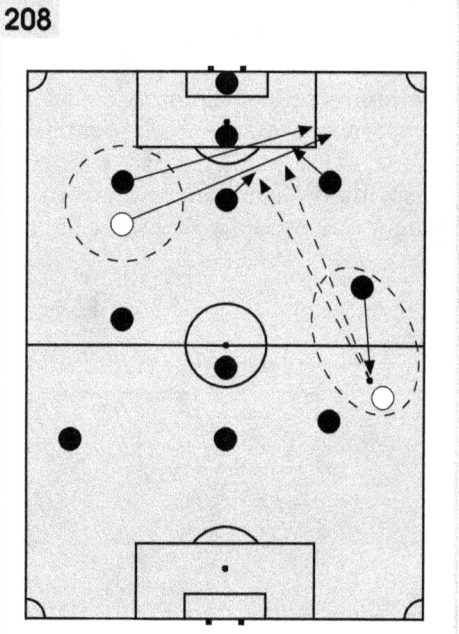

Interceptación

Pressing

El *pressing* es una acción que se realiza, una vez que se ha perdido la posesión del balón, sobre uno, varios o la totalidad de los adversarios, a fin de coartarles la libertad de movimientos y romper su juego (fig. 209).

LAS TÁCTICAS DE JUEGO

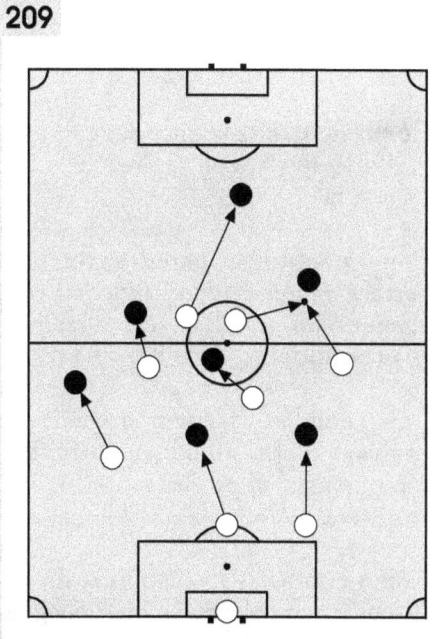

Un ejemplo de **pressing**

Puede realizarse sobre el poseedor del balón, sobre una línea o sobre todos los jugadores, en el momento justo de perder el balón o desde que lo pone en juego el adversario.

Respecto al lugar donde puede realizarse el *pressing*, puede decirse que se realiza en diversos lugares: en la mitad del propio campo, tapando la banda, después de un repliegue, en todo el campo (*pressing* total), etc.

A continuación se dan algunas indicaciones que pueden resultar útiles para los entrenadores a la hora de buscar distintas soluciones para esta acción.

• Mientras se lleva a cabo el *pressing* sobre el poseedor del balón, hay que intentar que este lo juegue precipitadamente, para que lo haga con poca precisión y acabe por perderlo.

• Los puntas hacen *pressing* y los centrocampistas repliegues, por lo que los primeros deberán impedir que la defensa contraria pueda iniciar la organización ofensiva, además de permitir a los compañeros el repliegue a zonas desguarnecidas. Asimismo, deben lograr que sus compañeros dispongan del tiempo suficiente para vigilar a los pares de esas zonas y preparar el fuera de juego.

Esta acción permite también la posibilidad de robar el balón al contrario en aquellas zonas que presenten un peligro inmediato para él. De esta manera, se puede aprovechar una acción de enorme valor ofensivo.

El inconveniente principal que se presenta es el desgaste físico que provocan estas acciones, sobre todo si se tiene en cuenta que puede mermar la capacidad ofensiva del equipo. Para evitarlo, será necesario que un centrocampista o dos ayuden en esta acción a los puntas, de manera que puedan preservarse las energías que se necesitan para atacar.

Los puntas se situarán a 10 o 15 m por delante de la línea central del campo. Los centrocampistas, a su vez, se colocarán en la línea central, y la defensa, en zona y línea paralela, entre 8 y 10 m por detrás de la línea central. De este modo podrán realizarse acciones que permitan dejar en fuera de juego al equipo rival con relativa facilidad.

El portero jugará fuera del área de penalti si es necesario, y pondrá especial atención a los balones en profundidad lanzados por el contrario.

• Los centrocampistas hacen *pressing* y la defensa repliegues para romper el juego de los adversarios en la zona central y ganar tiempo para que la defensa tome posiciones adecuadas y defienda el marco propio. Mediante esta táctica se con-

sigue que el contrario juegue de forma precipitada y la defensa pueda realizar un corte o robar el balón al adversario.

A causa del *pressing* que se ejerce, hay que estar atentos a los defensas que puedan incorporarse para estar en superioridad numérica y contrarrestarlo. Los puntas serán los que deberán hacer este trabajo.

• *Pressing* total: se realiza sobre todos y cada uno de los jugadores del equipo contrario.

Para realizar esta acción, se requiere una condición física al menos igual a la del contrario. Debe hacerse puntualmente en ciertas fases del partido, y no durante todo el juego, debido al desgaste físico que supone.

Hay que tener en cuenta que exige buena coordinación en los movimientos y un sacrificio psicofísico importante. No obstante, sus ventajas son enormes, tanto desde el punto de vista defensivo como desde el ofensivo.

Acciones combinadas

Las acciones combinadas son la unión de varios principios que se interrelacionan en una misma jugada. Para ello, no debe cortarse su desarrollo en ninguna de sus tres fases: iniciación, creación y finalización.

Cómo combatir y neutralizar las acciones del adversario

De una forma sintética y que pretende ser clara y didáctica, se exponen a continuación los puntos básicos sobre cómo se deben contrarrestar aquellas acciones técnicas y tácticas que el adversario realiza para obtener ventaja en el juego. Todos ellos han sido explicados en este capítulo.

• **Cómo neutralizar apoyos:** con *pressing* al que apoya, con repliegues y con *pressing* total.

• **Cómo neutralizar paredes:** con gran cobertura, marcaje zonal, anticipación y repliegues (si aquellas se realizan en todo el campo).

• **Cómo combatir las temporizaciones ofensivas:** si el resultado es favorable, con repliegues; si es desfavorable, con *pressing* total.

• **Cómo combatir los cambios de ritmo:** si es ritmo colectivo, con repliegues y marcaje zonal, defensa en línea y fuera de juego; si es cambio de ritmo de tipo individual, con *pressing* al poseedor del balón o a los apoyos.

• **Cómo combatir los cambios de orientación:** con repliegues y marcaje zonal, con defensa en línea y fuera de juego. Es conveniente también realizar, en medio campo del contrario, *pressing* al hombre libre y a los que intervienen en la acción.

• **Cómo combatir la velocidad en el juego:** con repliegues y con defensa en línea al fuera de juego.

• **Cómo combatir la progresión en el juego:** con repliegues y con defensa en línea al fuera de juego.

• **Cómo combatir el marcaje por zonas:** realizando el dos contra uno, dando amplitud al juego, con velocidad en el juego, con cambios de ritmo, con

LAS TÁCTICAS DE JUEGO

pases en profundidad y con paredes.
- **Cómo combatir el marcaje hombre a hombre:** con paredes, con cambios de ritmo, con cambios de orientación, con velocidad y con creación y aprovechamiento de espacios libres.

- **Cómo combatir la cobertura:** con cambios de orientación, buscando una superioridad numérica, con paredes y con cambios de ritmo.

- **Cómo neutralizar un desmarque:** con repliegues a la zona y defensa en línea, con *pressing* al jugador que se desmarca en ruptura y provocando el fuera de juego a quien se desmarca.

- **Cómo neutralizar un contraataque:** con repliegue, con defensa en línea al fuera de juego y con *pressing* al poseedor del balón.

- **Cómo neutralizar un desdoblamiento:** con repliegues y marcaje zonal y con *pressing* al que ocupa el espacio.

- **Cómo neutralizar las ayudas permanentes:** con repliegues y con *pressing* total.

- **Cómo combatir el *pressing*:** creando superioridad numérica, con apoyos constantes, simplicidad en las acciones, rapidez en la ejecución de las diversas acciones y movilidad constante.

- **Cómo combatir las anticipaciones e interceptaciones:** con desmarques de apoyo y de ruptura.

Sistemas de juego

Es el lugar que elige o que se asigna a un jugador en el terreno de juego, una vez definida la posición de partida del equipo y antes de que comiencen a realizarse movimientos ofensivos o defensivos.

Cuando el jugador ocupa el lugar en el terreno de juego indica la zona desde donde va a maniobrar con sus movimientos. Dentro del equipo se deben considerar tres líneas que delimitan otras tantas zonas del campo perfectamente definidas: la defensiva (zona de iniciación), la de centro del campo (zona de elaboración) y la ofensiva (zona de finalización).

Normalmente, esta disposición de los jugadores se observa después de un repliegue, un saque de meta o en otras situaciones similares.

Mediante los sistemas de juego se establece la organización básica del equipo. Se van repartiendo entre los jugadores los espacios, las posiciones y las misiones, de forma que las habilidades específicas de cada uno puedan ponerse al servicio del conjunto. En los sistemas modernos se permiten cambios de posición y de función, por lo que los jugadores tienen libertad creativa a la hora de realizar sus funciones.

Los objetivos de los sistemas modernos de juego se centran en los siguientes aspectos:

— distribución equilibrada de las zonas de juego y de los recorridos entre todos los jugadores;
— implicación de todos los jugadores en misiones de ataque y defensa;
— fuerte protección de la propia portería;
— concentración del mayor número posible de jugadores cerca del balón;
— cambio rápido de defensa a ataque y viceversa;
— cambios de posición y de tarea según

la anchura y profundidad del campo;
— libertad de opinión sobre el juego y el comportamiento táctico del equipo.

Factores que deben tenerse en cuenta a la hora de preparar una táctica

Para establecer una táctica para un equipo, bien sea para atacar o para contrarrestar el ataque del contrario, deben tenerse en cuenta los siguientes factores que influyen en el juego:

1. *La calidad individual del equipo y del contrario:* las cualidades y limitaciones individuales (rapidez, calidad técnica, etc.) son fundamentales a la hora de confeccionar una táctica, ya que en función de ellas el equipo podrá arriesgar más o menos. Por ejemplo, si se dispone de dos o tres puntas rápidos y peligrosos, quizás haga falta encargarles misiones defensivas por dos razones: porque su sola presencia en ataque es ya un elemento defensivo, ya que deben estar muy atentos los contrarios sobre ellos y porque sus fuerzas pueden ser utilizadas para desbordar y en misiones estrictamente ofensivas.

Por otra parte, si se dispone de dos o tres marcadores de calidad, se podrá elaborar una táctica con misiones mucho más ofensivas.

2. *Las variantes dentro de la táctica del oponente:* en un sistema 1-4-3-3, por ejemplo, no se da el mismo tratamiento táctico si la defensa juega en línea o si lo hace con un hombre libre por detrás de los defensores. Tampoco sería igual si los defensores jugasen con facilidad en el ataque.

3. *Circunstancias propias del encuentro:* en un mismo partido, a la hora de tomar decisiones sobre la táctica, influye mucho el resultado (si gana o pierde), si se está o no en posesión del balón, si se está al principio, a la mitad o al final del partido, si hay lesiones o expulsiones, etc. También, eventualmente, condiciona el juego la actuación del árbitro y de los asistentes.

4. *Circunstancias externas de cualquier índole:* la climatología (sol, calor, frío, nieve, viento, etc.), la presión del público y el estado y las medidas del terreno de juego. Los campos grandes son más propicios para atacar, mientras que los pequeños lo son para defender. Igualmente, hay que tener en cuenta si el terreno es fangoso, seco, arenoso, con césped, etc.

5. *Circunstancias de tipo psicológico:* influye el estado anímico del equipo y del adversario, si el partido es en campo propio o ajeno, el comportamiento del árbitro, el carácter del partido (liga, copa, amistoso, etc.).

Es notorio que a través de la historia, los sistemas han cambiado mucho. Téngase en cuenta que los jugadores han pasado de estar en posiciones atacantes a repartirse en tres, cuatro o más líneas en el campo de juego.

El entrenador tendrá que enseñar estos sistemas desarrollándolos de forma metódica, según las características de los jugadores de los que disponga. Primero, se ensayará con ejemplos sin oposición; luego, se realizará el sistema con oposición y en situación de juego real.

Sistemas actuales de juego

En función del número de jugadores

LAS TÁCTICAS DE JUEGO

que un equipo presente en cada una de sus líneas, se puede decir qué sistema usa. Así, un equipo que juegue con cuatro hombres en su defensa (excluido el portero), dos hombres en su centro del campo y cuatro hombres en ataque, se diría que juega empleando un sistema de 4-2-4.

Se pueden distribuir los hombres de la siguiente manera:

— con una defensa de tres hombres:

   a) 3 defensas, 2 medios, 2 interiores, 3 delanteros;
   b) 3 defensas, 3 medios, 1 variante, 2 delanteros;
   c) 3 defensas, 1 variante, 3 medios, 3 delanteros;

— con una defensa de cuatro hombres:

   a) 4 defensas, 4 centrocampistas, 2 delanteros;
   b) 4 defensas, 3 centrocampistas, 3 delanteros;
   c) 4 defensas, 2 centrocampistas, 4 delanteros.

De estos sistemas se pueden desarrollar variantes. Por ejemplo, para un ataque con dos puntas, se puede preparar un 4-3-1-2 o un 3-4-1-2. Se puede hacer lo mismo con otros sistemas.

El sistema de juego no varía. Obedece al estudio de todos estos factores y no al capricho del entrenador. Pero puede suceder que durante un partido interese colocar a un hombre detrás o delante de una línea. De esta manera, se realizaría una variante del sistema elegido.

Otra posible variante sería la introducción de un hombre entre dos líneas. Si se saca a un jugador de una determinada línea para ponerlo detrás de esta, se dirá que es una variante defensiva; si se coloca por delante de dicha línea, se dirá que es ofensiva. Por ejemplo, el 4-2-1-3 sería una variante ofensiva del 4-3-3, o bien una defensiva del 4-2-4.

Se puede optar entre diversos sistemas de juego que puede practicar el equipo que se entrena; no obstante, los sistemas actuales de juego más utilizados son el 3-3-3-1, el 4-3-1-2, el 4-4-2, el 4-5-1, el 4-4-1-1, el 5-3-2, el 5-3-1-1 y el 5-4-1. No se descartan opciones intermedias con variantes a estos sistemas.

Se comentarán a continuación, las peculiaridades que presentarán algunos de ellos.

Sistema 4-3-3

Con este sistema, los jugadores se encuentran distribuidos en el campo de juego de una forma homogénea y equilibrada (figs. 210 y 211). En un primer momento, la disposición se parece al ya no muy utilizado WM. Este sistema tiene ventajas para los equipos que física y tácticamente tienen menos experiencia, por lo que será muy apropiado para equipos infantiles, juveniles y escolares.

Al contrario que en otros, en este las posiciones de los tres delanteros están determinadas desde el principio, lo cual tiene la ventaja de que los extremos estén siempre ocupados y, por ello, el juego sobre dichos extremos y los cambios de uno a otro son factibles. Es válido incluso para los equipos menos entrenados.

Debido a la ocupación fija de las tres posiciones delanteras, la capacidad de maniobra en el medio campo será más escasa, puesto que los centrocampistas tendrán más difícil la salida para penetrar. De este modo, el juego de quienes utilizan este sistema es más previsible. Además, este sistema no favorece las modernas tácticas donde el *pressing* y la defensa zonal son elementos de trabajo esenciales, puesto que la poca ocupación del medio campo lo impide.

Los factores que deben tenerse en cuenta en este sistema serían los siguientes: los puntas deben colaborar en el juego defensivo; los laterales, por su parte, deberán realizar desdoblamientos por banda para no facilitar los contraataques del rival; los extremos abiertos atacarán y los defensas cerrados a medio campo efectuarán un *pressing* en la zona asignada, a fin de obtener la concentración y una buena actitud en el marcaje zonal.

Las variantes serían: un jugador más o menos en defensa; un jugador menos en ataque, uno más en el centro, y finalmente, un defensa en línea o libre para realizar las coberturas.

SISTEMA 4-4-2

Este sistema es más defensivo que el anterior ya desde las posiciones iniciales, pues permite concentrar jugadores en el medio campo, cerrar los espacios para las acciones ofensivas contrarias, aprovechar la creación de espacios libres y jugar al contraataque (figs. 212 y 213).

Es muy apropiado para equipos que tienen un buen conocimiento táctico y que saben realizar continuos cambios entre las posiciones del medio campo y la delantera. Los desplazamientos largos que deben realizarse exigen una condición física de resistencia y velocidad importantes.

Los dos delanteros pueden colocarse o bien uno como extremo y otro como delantero centro, o bien los dos de

Sistema 4-3-3

Una variante del sistema 4-3-3

LAS TÁCTICAS DE JUEGO

delanteros centro, en cuyo caso los extremos no estarán ocupados, de forma que habrá espacios suficientes para los contraataques rápidos desde el centro del campo o desde la defensa.

Se trata de un sistema adecuado tanto para jugar con un líbero como para hacerlo con los cuatro defensores en línea. En este último sistema siempre se juega con defensa zonal y en el juego con el líbero en defensa mixta zonal y al hombre.

Sistema 3-5-2

Este sistema es una consecuencia casi obligada del 4-4-2, ya que hoy en día casi todos los equipos sólo actúan con dos delanteros, pues muchos entrenadores piensan que es un lujo innecesario ocupar la última línea con cuatro jugadores. Es suficiente marcar a los dos delanteros hombre a hombre con defensas bien entrenadas, siempre y cuando quede un jugador libre por detrás, asegurando la defensa y ocupando los espacios libres.

Debido a la densa ocupación del medio campo, con cinco centrocampistas, los espacios de la derecha y la izquierda de los defensas centrales pueden ser cubiertos con una defensa zonal. Además, permite variantes ofensivas y *pressing*.

Este sistema ha hecho que reviva un juego más atractivo en el centro del campo.

Sistema 4-5-1

Esta es una variante extremadamente defensiva del sistema 3-5-2. Se realiza en el momento de reforzar la defensa con

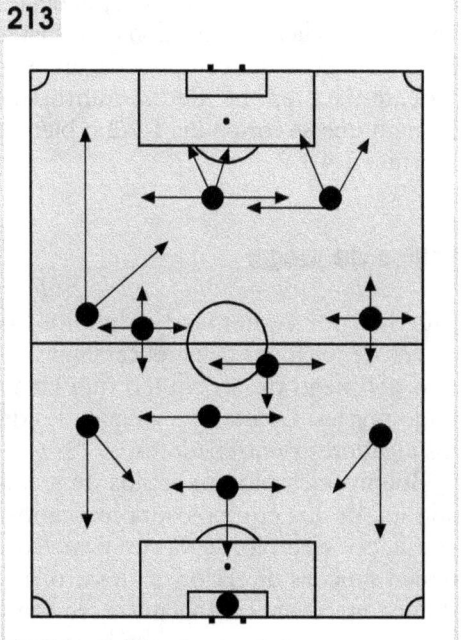

Sistema 4-4-2. Posición más ofensiva   Posición más defensiva

un jugador más a costa de un delantero. Sólo lo aplican los equipos cuyo objetivo prioritario es la defensa de su propia portería y que deben luchar contra adversarios muy superiores.

Este sistema apenas cumple con el principio de realizar una ocupación del terreno en el que todos los jugadores estén repartidos por igual.

Los problemas ofensivos empiezan cuando el delantero apenas puede recibir la pelota por estar marcado por tres adversarios.

Los laterales en este sistema son jugadores que experimentan un gran desgaste físico, puesto que deben incorporarse hasta el fondo, por lo que puede haber problemas de coberturas.

Las variantes que puede tener este sistema son, en la defensa, el repliegue colectivo, de manera que un punta quede retrasado y adopte las funciones de organizar el juego de ataque, un 5-3-1-1. En cambio, durante el ataque, puede llevarse a cabo la incorporación de los laterales en medio del campo y de un centrocampista en la media punta, de manera que se forme un 3-5-2 o bien la variante 3-4-1-2.

Estilos de juego

Quedan por comentar finalmente los estilos de juego, es decir, el carácter táctico del juego de un equipo que viene dado por las distintas personalidades de los jugadores y entrenadores.

Buenos ejemplos de estilos de juego son los de los equipos suramericanos. Brasil, por ejemplo, actúa con pases cortos en muchas direcciones, desarrollando una gran técnica. Inglaterra, en cambio, practica un juego que se basa en la lucha, en el enfrentamiento hombre a hombre y en la velocidad. Los centroeuropeos practican el *forechecking*, donde se ataca con agresividad al poseedor del balón en su propio campo y se defienden con un fuera de juego muy estudiado. Rusia, por su parte, se caracteriza por la gran velocidad, los pases largos y los repliegues intensivos.

Pero sin duda son los equipos como el Milán, con un juego de gran velocidad, un *pressing* sobre el poseedor y diversas incorporaciones y repliegues muy bien coordinados, los que marcan un estilo de jugar al fútbol completamente moderno.

Entrenamiento de un equipo: fundamentos de juego

En este apartado podrán verse unas nociones simples pero muy útiles para que cualquier entrenador pueda comprender los fundamentos del juego, aunque es preciso tener en cuenta que no todo se reduce a la teoría, sino que es preciso contar con todos los jugadores para desarrollar un sistema de juego.

El fútbol es un deporte de equipo, y las cualidades de cada jugador hay que ponerlas al servicio del conjunto. Esta es la idea fundamental que ha de ser transmitida y que debe estar presente en cada entrenamiento o competición.

De hecho, puede ocurrir que un jugador no presente un rendimiento adecuado en los estudios teóricos, pero que muestre una gran intuición, imaginación y creatividad.

En este apartado, que pretende ser útil, sintético y claro, se agrupa un número de principios, normas y directrices que se adaptan a cualquier situación táctica o sistema de juego. Se trata de

LAS TÁCTICAS DE JUEGO

nociones que están basadas en principios técnicos, tácticos y estratégicos tanto individuales como colectivos. Se puede decir que, por sí mismos, son verdaderas reglas de juego para un entrenador y para los jugadores.

Teniendo en cuenta los fundamentos y utilizándolos adecuadamente, se podrá alcanzar el máximo desarrollo individual y colectivo de los jugadores.

Veamos cuáles son los fundamentos o principios de juego. No todos los que se detallarán a continuación pueden ser del agrado o la conveniencia del entrenador. Cada profesional debe seguir su propio criterio al establecerlos.

• La ayuda mutua es la base para la acción en el fútbol, tanto en ataque (solicitando, apoyando, desmarcando, ocupando un espacio libre, etc.) como en defensa (desdoblándose, permutando, replegando, etc.).

• Por lo general, la acción más rápida es la más eficaz y, a su vez, la más eficaz suele ser la más rápida. De este modo, siempre que no se confunda con la precipitación, la velocidad equivale a la eficacia. Por ello se ha convertido en uno de los pilares del fútbol actual.

• Si se reiteran pases sin sentido entre dos o más compañeros no se obtendrán buenos resultados. Por ello, es fundamental jugar con inteligencia para alcanzar la victoria.

• En aquellas posiciones en las que el pase es posible, el dríbling siempre es inútil.

• Si ningún compañero está desmarcado, es necesario mantener la posesión, driblando, cubriendo en cobertura técnica, temporizando, etc.

• Las carreras en diagonal facilitan la creación de espacios libres.

• El control orientado en velocidad, actualmente, es un principio sumamente importante. Esta acción técnica se ha de dominar y fomentar.

• La sincronización del pase, el control y el apoyo son básicos en el juego colectivo.

• El balón, dirigido con un pase preciso, es más rápido que el jugador más veloz. Y no se cansa.

• En general, el juego lateral y hacia atrás debe ser un recurso táctico que se utilice muy esporádicamente. Se ha de buscar la profundidad de manera constante, sobre todo cuando es más fácil pasar en profundidad.

• Los jugadores que no poseen el balón son los que marcan la estructura de un equipo y conforman el estilo de juego.

• Hay que valorar la enorme importancia que para el juego ofensivo tienen la creación, la ocupación y el aprovechamiento de los espacios libres.

• En el fútbol actual, el jugador debe saber jugar fuera de la zona asignada.

• No hay que robotizar al jugador. La creatividad, genialidad y destreza se deben potenciar en momentos determinados.

• Quien está en posesión del balón es dueño de la iniciativa, y por tanto del juego.

• El jugador se ha de acostumbrar a

jugar sin balón. Cuando el poseedor del balón tenga que tomar la decisión de pasarlo, debe haber varios jugadores dispuestos a recibirlo.

• Todos los jugadores pueden atacar. Y todos deben defender.

• No se debe empujar ni enfrentar a los compañeros contra los adversarios; para ello, hay que pasar el balón con diligencia y solidariamente, pero sin precipitación.

• Se ha de mostrar, tanto en ataque como en defensa, agresividad constante, pero sin confundir nunca esto con la violencia.

• Si un jugador solicita el balón, ha de saber la posición de los compañeros en el campo. Antes de solicitar el balón es necesario pensar bien y tener todo muy claro.

• La superioridad numérica es favorable tanto en el ataque como en la defensa.

• Los espacios libres favorecen el ataque, y la densidad, la defensa.

• El movimiento de los compañeros permite avistar al jugador que lleva el balón. Se aprecia mejor al que corre que al que grita.

• Por último, es preciso tener presente que no es lo mismo saber jugar el balón que saber jugar al fútbol.

FICHAS DE CONTROL

El acopio de datos técnicos, tácticos y físicos es importante en cualquier deporte, y en el fútbol no lo es menos, ya que estos reflejan una situación individual o colectiva cuya fotografía se puede aprovechar para tomar decisiones de acción basadas en el análisis de esos datos.

El entrenador debe preparar fichas técnicas en las que anote las cualidades y las habilidades de un jugador. De este modo podrá controlar periódicamente la evolución del jugador mediante pruebas de contenido.

En la ficha deben consignarse todas las acciones técnicas que deban supervisarse. El jugador debe estar siempre preparado para utilizar las diferentes superficies de contacto en cada acción técnica que se detalle en la ficha.

Las estadísticas del partido

Esta modalidad de acopio de información ha sido tomada del baloncesto. Su mayor ventaja, por lo que respeta a un entrenador de fútbol, radica en una interpretación de los datos críticos, puesto que existen más variables no controladas que en el baloncesto. De este modo, los datos han de tener una lectura relativa.

Hay dos maneras de obtener la información:

— *acopio de datos individuales:* en ellos se registran las acciones de cada jugador, especialmente las principales (balones perdidos, pelotas robadas, goles, expulsiones, etc.), así como la posición donde se han producido (fig. 214);
— *acopio de datos desde un punto de vista cronológico, individual y de conjunto:* con este método se obtiene una visión del partido bastante completa que puede apreciarse gracias a los estadillos que se reproducen en las figuras 215, 216 y 217.

Se pueden combinar ambos métodos para obtener una información exhaustiva, basada en datos personales y colectivos de juego.

Las conclusiones e interpretaciones deben realizarse basándose en datos críticos o significativos, y sirven para tomar decisiones de acción en el partido o bien para realizar un entrenamiento específico basado en las carencias de juego, sean técnicas o físicas. A partir de la interpretación y evaluación de dichos datos, se podrá realizar un trabajo colectivo o individual mucho más concreto.

 CURSO DE ENTRENADOR DE FÚTBOL

214

Competición

Partido   Fecha   /   /   Resultado

Partic./Juego Jugador	1	2	3	4	5	6	7	8	9	10	11	12	13	14	15	16	17	18	19	20

1. TP: tiro parado. 2. TR: tiro rechazado. 3. TF/P: tiro fuera/poste. 4. BP: balón perdido.
5. BI: balón interceptado. 6. BR: balón recuperado. 7. PE: pase erróneo.
8. PI: pase interceptado. 9. PD: pase a distancia. 10. 1 × 1 S: 1 × 1 superado.
11. CT: control realizado. 12. CTF: control fallado. 13. GC: gol en contra.
14. GF: gol a favor. 15. FA: falta en ataque. 16. FD: falta defensiva.
17. FS: faltas sufridas. 18. CA: conducción del contraataque. 19. TJ: tarjetas.
20. E: expulsión.

Método de contabilización de datos personales

FICHAS DE CONTROL

215

CLUB	
NÚMERO DEL JUGADOR	NOMBRE
FECHA DE NACIMIENTO	EDAD
CLUB DE ORIGEN	CATEGORÍA — TEMPORADA

PREFIERE JUGAR DE

PUNTOS FUERTES — PUNTOS DÉBILES

CRÍTICA

AYUDA EN DEFENSA

FORMA FÍSICA

CARACTERÍSTICAS DE SU JUEGO

CARÁCTER

RELACIÓN CON LOS COMPAÑEROS DE EQUIPO

OBSERVACIONES

Ficha de seguimiento de un jugador

 CURSO DE ENTRENADOR DE FÚTBOL

216

Partido		Resultado primer tiempo	:
Fecha		Resultado segundo tiempo	:
Campo		Resultado final	:

Dorsal	Nombre y apellidos	Min	Goles	Tarjetas a/r	Puntuación (0/10)
1					
2					
3					
4					
5					
6					
7					
8					
9					
10					
11					
12					
13					
14					
15					
16					
17					
18					

Cambios			Tarjetas equipo contrario		
Minuto	Entra	Sale	Dorsal	Minuto	A/R

Observaciones

Método cronológico de contabilización de datos

FICHAS DE CONTROL

217

JORNADAS / JUGADORES	1	2	3	4	5	6	7	8	9	10	11	12	13	14	15	16	17	18	19	20	21	22	23	24	25	26	27	28	29	30

X: jugador no convocado; X1: jugador no convocado por lesión; 00': minutos jugados por partido;
E: jugador expulsado; L: jugador lesionado

Ficha de seguimiento de todo el equipo

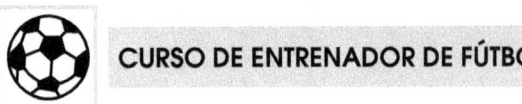

Diseño y formato de los estadillos

Dependiendo de las necesidades técnicas, tácticas y físicas, pueden diseñarse diversos modelos de estadillos en donde el entrenador pueda consignar aquellos datos que para el entrenador sean significativos.

A la hora de diseñarlos, debe tenerse en cuenta la exhaustividad y la claridad: hay que adjudicar una casilla a cada uno de los elementos que se consideren más importantes para llevar a cabo la evaluación del rendimiento de los jugadores y de las incidencias que puedan afectar en el juego del equipo.

Por otra parte, no es preciso atenerse a un método analítico estricto, sino que más bien, en función de los objetivos que el entrenador desee alcanzar, este puede llevar a cabo un acopio de datos que queden al margen del estándar (figuras 218 y 222).

218

CLUB

RESULTADO DEL ENCUENTRO

FECHA   COMPETICIÓN

ALINEACIÓN (COMPRENDIDAS LAS SUSTITUCIONES)

TÁCTICA DE JUEGO   DATOS SOBRE ALGUNOS JUGADORES

CONCLUSIONES   OBSERVACIONES

Ejemplo de ficha de un partido de fútbol

FICHAS DE CONTROL

219

Partido _____ Fecha _ / _ / _

Fases importantes	
Desarrollo de juego favorable (posesión del balón)	Los atacantes pasan a defender, si hay pérdida del balón
Interrupción de la ofensiva contraria (recuperación del balón)	Las líneas permanecen ordenadas
Conservación del balón	Colocación individual
Progresión en el juego	Colocación colectiva
Apoyo al ataque desde medio campo y desde el escalón defensivo	Aprovechamiento de la subida de los defensores contrarios

Puntos esenciales	Observaciones
Buena colocación	
Buena realización	
Intervención	
Juego individual	
Juego de conjunto	

Ejemplo de ficha de análisis

LA DIETA DEPORTIVA

Para obtener buenos rendimientos en el deporte, uno de los factores esenciales es seguir una dieta adecuada. Es imprescindible que todo deportista sepa qué debe comer antes, durante y después de la competición.

En general, hay un gran desconocimiento por parte de los deportistas y las personas de su entorno inmediato. Y es de sobra conocido que el organismo funciona como un motor: cuanto mayor sea el desarrollo técnico, más importante será abastecerle con carburantes y lubricantes valiosos.

Una alimentación correcta y equilibrada proporciona al cuerpo sustancias nutritivas, minerales, vitaminas y líquido que permitirán que el deportista realice las acciones y el esfuerzo físico necesarios para el desarrollo del juego.

Reglas básicas para una dieta saludable

Estas serían de modo general, y para la mayoría de las personas, las normas generales que deben tenerse en cuenta a la hora de seguir una dieta:

• Hay que ingerir energía suficiente, manteniendo el peso y evitando carencias importantes.

• Se debe impedir la acumulación de grasas con el ejercicio para evitar la obesidad.

• Los azúcares simples no deben sobrepasar el 10 % del total calórico ingerido al día en forma de hidratos de carbono. Para ello, se puede reducir a la mitad la cantidad de azúcares simples que se consumen normalmente (bebidas, dulces, caramelos, etc.).

• Los porcentajes calóricos de los componentes energéticos que debe aportar la dieta deben ser, aproximadamente, 60 % de hidratos de carbono, 25 % de grasas y 15 % de proteínas. Las grasas no deben sobrepasar, en cualquier caso, el 30 % sobre el total de calorías ingeridas. Para conseguirlo, se rebajará la ingesta de mantequilla, nata, fritos y comidas grasientas.

• La sal en las comidas se reducirá lo máximo posible ya que los alimentos la contienen en cantidades suficientes.

• Por el contrario, se aumentará la ingestión de fibra: cereales integrales, fruta con su piel y alimentos no manufacturados.

• No se han de tomar más de dos vasos de vino o cerveza al día.

LA DIETA DEPORTIVA

• Hay que comer de todo, y las proteínas no se obtendrán sólo de la carne.

Una mala alimentación puede tener graves consecuencias psicofísicas: falta de concentración, cansancio general, falta de fuerza, agujetas, calambres musculares, deficiencias en la visión, falta de aire, etc.

Ante todo, hay que tener en cuenta que la alimentación del deportista debe cumplir con los siguientes requisitos:

• Proporcionar las calorías que necesita el deportista. La dieta debe establecerse de forma individual, pues ningún organismo es igual a otro.

• Llenar los «almacenes» de hidratos de carbono.

• Cubrir una mayor necesidad de vitaminas.

• Proporcionar una mayor cantidad de electrolitos y minerales.

El nivel de agua hay que optimizarlo bebiendo las cantidades adecuadas.

La necesidad de reservas energéticas

La alimentación depende mucho de la constitución personal y de la carga de trabajo diaria.

La necesidad calórica diaria se puede calcular con ayuda de la siguiente fórmula:

talla × número orientativo individual =
= necesidad energética.

El número orientativo individual se averigua según la siguiente tabla:

Número orientativo individual	Frecuencia de entrenamiento
18	1-2 veces por semana
19	3-4 veces por semana
22	1-2 horas diarias
23	3-4 horas diarias
28	5-6 horas diarias

Un jugador de 180 cm y con una carga de entrenamiento de una a dos horas, sin otra clase de trabajo corporal, necesitará una aportación calórica diaria de 3.960 kcal.

Comer menos pero más a menudo

Los expertos en nutrición recomiendan comer varias veces al día, repartiendo la aportación energética. Los jugadores *amateurs* no han de seguir este principio con tanta rigidez como un deportista de alto nivel, pero han de habituarse a él.

Cada comida debe aportar las sustancias nutritivas que el organismo necesita para antes y después del entrenamiento.

La alimentación rica en hidratos de carbono

Para las actividades físicas se necesitan sobre todo hidratos de carbono. Para el entrenamiento y la competición se necesitan las siguientes proporciones de las sustancias nutritivas antes mencionadas: 60 % de hidratos, 25 % de grasas y 15 % de proteínas.

Por cada kilogramo de peso corporal, el jugador debería ingerir diariamente 7 g de hidratos de carbono. Si se entrena más la fuerza, habría que aumentar las proteínas.

Algunos dietistas recomiendan una dieta supercompensada de hidratos de carbono. Dos días antes de la competición se recomienda ingerir pocos hidratos de carbono. Sin embargo, en la víspera de la competición y el mismo día en que tiene lugar se recomienda una dieta rica en hidratos de carbono.

Los hidratos de carbono se encuentran en diferentes productos. El tiempo que necesitan estos para transformarse en energía en el organismo es variado, y depende del tipo de alimento. Así, el organismo dispone de la energía que le aportan los alimentos ingeridos según los tiempos indicados a continuación:

— de 60 a 240 min, para alimentos integrales;
— de 60 a 100 min, para frutas y verduras;
— de 40 a 60 min, para pan y productos de pastelería;
— de 15 a 40 min, para dulces y bebidas dulces;
— de 10 a 20 min, para la glucosa.

Lo más normal será, según los tiempos anteriormente citados y con antelación a la competición, tomar estos alimentos de forma progresiva. Es decir, aproximadamente dos horas antes se comen alimentos integrales y patatas; después, un poco de pastel, una bebida dulce y, al final, un poco de glucosa.

Alimentos que contienen hidratos de carbono son el pan, las patatas, las legumbres, las frutas, los cereales (arroz, pastas y farináceos), los dulces, frutos secos y las verduras.

Alimentos ricos en proteínas son las carnes rojas y blancas, los fiambres, los pescados, los quesos, los huevos, los frutos secos (almendras, nueces, avellanas, etc.) y los cereales.

Alimentos ricos en materia grasa son la mantequilla, el aceite, los frutos secos, la nata, los quesos grasos, los huevos, las carnes y los pescados grasos.

La importancia de las vitaminas

La condición indispensable para la alimentación óptima de un futbolista es la correcta provisión de vitaminas, de las cuales las más importantes para un futbolista son la A, la B_1, la B_2, la B_6, la B_{12}, la C, la D, la E y las liasas. Todas se encuentran en alimentos integrales, patatas, arroz integral, fruta y verdura frescas.

El futbolista necesita aproximadamente tres o cuatro veces más cantidad de vitaminas que cualquier otro trabajador.

El aporte de minerales

De todos los elementos minerales que el cuerpo humano posee y necesita, los más significativos para el futbolista son el potasio, el sodio, el calcio, el magnesio, el hierro y el yodo.

Muchos jugadores suelen sufrir carencia de magnesio, por lo que se recurrirá a preparados específicos para paliarla.

En los trabajos deportivos intensos, se recomienda una ingesta adicional de potasio, hierro y yodo.

Regulación de la hidratación

En un partido de competición en un día que haga mucho calor, pueden perderse

LA DIETA DEPORTIVA

hasta tres litros de líquido. Esta pérdida hay que compensarla rápidamente, y el agua no es suficiente, puesto que también se pierden minerales. Por ello, es importante elegir las bebidas adecuadas y beber correctamente.

Bebidas adecuadas

Las bebidas han de tener una proporción correcta entre azúcares y minerales. Se pueden tomar zumos dulces, limonadas o refrescos a base de cola.

Son más apropiadas las aguas minerales cuyo contenido de sodio esté por debajo de los 700 mg/l, y el de magnesio por encima de los 100 mg/l.

De las bebidas que pueden adquirirse en el mercado, son recomendables las que poseen un contenido bajo de sodio y cloro (menos de 400 mg/l y 200 mg/l, respectivamente), y uno alto de calcio, potasio y magnesio (hasta 800 mg/l y más de 70 mg/l, respectivamente).

Si se preparan bebidas isotónicas hay que fijarse muy bien en las indicaciones referentes a la mezcla correcta. Una proporción de partículas electrolíticas demasiado alta puede provocar reacciones contrarias a las pretendidas.

Son muy adecuadas las mezclas de té, zumos y agua mineral.

Beber correctamente

La forma de administrar líquido a un jugador es muy importante para no perjudicar su rendimiento. Por ello, deberán seguirse los siguientes consejos.

- Antes del partido, durante y después de este, sólo habrá que beber cantidades pequeñas y poco a poco. En cambio, dos horas antes y dos horas después del partido pueden beberse cantidades mayores.

- Antes de ingerir bebidas frías, se debería calmar la primera sed, más importante, con bebidas calientes o tibias. Si no, se produce una satisfacción engañosa, puesto que las bebidas frías permanecen más tiempo en el estómago. La consecuencia es que el jugador come menos de lo que debería después del esfuerzo.

- Finalmente, no se puede objetar nada en contra de tomar una cerveza después del partido, siempre que no se beba en exceso.

LESIONES FRECUENTES

Un entrenador nunca debe tomar atribuciones médicas y tratar una lesión o tomar decisiones sobre ella. No obstante, es conveniente que esté informado sobre cuáles son las lesiones más frecuentes.

La información que se da en este capítulo es simplemente ilustrativa. La valoración y los tratamientos de las lesiones atañen de manera exclusiva al médico. Las indicaciones para tratar las lesiones que aquí se citan han de ser aplicadas por el personal facultativo. Nunca hay que hacerlo por cuenta propia.

Lesiones musculares

Las lesiones más frecuentes son las musculares y las articulares.

Las causas de las lesiones musculares suelen ser los microtraumatismos repetitivos o los golpes; en unos y otros casos, se trata de una coordinación defectuosa del gesto mecánico.

Las causas se pueden ver favorecidas por una serie de factores de predisposición, entre los que destacan:

— *la predisposición individual:* es conveniente calentar bien la musculatura, haga frío o calor;
— *el tipo de material utilizado:* el calzado y el estado del terreno de juego son los factores que pueden acarrear problemas si no se eligen las botas adecuadas. Por ejemplo, el taco de fibra tiene más posibilidades de fallar durante una acción técnica específica (por ejemplo, durante el control) y puede producirse un estiramiento muscular;
— *el tipo de deporte que se practique:* ya que concentran el esfuerzo sobre determinadas regiones del cuerpo de deporte la aplicación de la técnica individual debe llevarse a cabo con cuidado;
— *el sobreentrenamiento:* es otro motivo de lesión a causa de una fatiga muscular.

Las lesiones agudas más frecuentes que se producen sin lesión anatómica son los calambres, las agujetas, las contracturas y las contusiones leves. Las lesiones que conllevan una lesión anatómica son la contusión grave, la distensión (estiramiento y elongación), la ruptura muscular y el desgarro muscular.

Se dan otras lesiones de carácter crónico muscular: la cicatriz fibrosa, el hematoma enquistado, el hematoma coagulado, la miositis osificante, las rupturas de repetición, la hernia muscular y la destralada.

LESIONES FRECUENTES

Agujetas

Son dolores difusos en diferentes grupos musculares que suelen aparecer entre 12 y 24 horas después de haber realizado el esfuerzo físico, sobre todo si antes no se ha entrenado convenientemente. Por ejemplo, una sesión general de estiramientos puede provocar al día siguiente agujetas.

El tratamiento que debe seguirse consiste en continuar con la práctica deportiva, combinándola con el trabajo aeróbico, la balneoterapia, la sauna y el masaje. En la pretemporada resulta muy adecuado efectuar masajes con jabón y con hielo en la musculatura.

Calambres

Son contracturas intensas, bruscas, involuntarias y dolorosas de un músculo, que se resuelven de forma involuntaria.

Al realizar una actividad deportiva suelen aparecer después de esfuerzos excesivos, por ejemplo, en la prórroga de un partido. Se suelen producir en la zona de los gemelos, isquios, etc.

El tratamiento consiste en estirar la musculatura afectada, hacer ejercicios de soltura, carrera continua y crioterapia en la zona. Después se darán masajes superficiales y luego se amasará el músculo más en profundidad a ritmo lento.

Contracturas

Se producen en un punto determinado del músculo. Pueden deberse a un esfuerzo abusivo del músculo o a una contracción de defensa (articular).

En ambos casos hay sensación de molestia, dolor a la movilidad y dolor localizado en un punto del trayecto muscular. Normalmente no se recuerda cómo ha sucedido y el deportista puede continuar con la actividad física.

Si la contractura se ha producido por un esfuerzo abusivo del músculo, el tratamiento consistirá en ejercicios de estiramiento, carreras continuas, masajes en la zona afectada, crioterapia y baños de contraste. Si se trata de contracturas articulares, habrá que realizar estiramientos, contracciones isométricas antagonistas, movilizaciones pasivas articulares, masajes y crioterapia.

Contusiones

Las contusiones leves se producen cuando la fuerza agresora externa es de poca intensidad por ejemplo, el conocido «bocadillo» o golpe en el muslo. Los síntomas son: dolor en la zona, con un punto en el que se acentúa, si bien no impide el movimiento, y hematoma pequeño.

El tratamiento consiste en crioterapia, estiramientos en la zona, movilizaciones pasivas de las articulaciones cercanas y masajes. De este modo, el futbolista podrá reanudar en poco tiempo la actividad física en un 70 %. Este tipo de lesión no se debe inmovilizar con vendajes.

Las graves, en cambio, ocurren cuando la intensidad de la fuerza agresora es importante. El jugador sigue jugando y al finalizar el partido se presentan síntomas como dolor en reposo y a la movilidad, impotencia funcional, movilidad limitada, hinchazón y edema y dolor localizado en la zona.

El tratamiento que se aplica suele ser de crioterapia en primer término y fisioterapia posteriormente (valorada en cada caso por el fisioterapeuta).

Distensiones

Son estiramientos y elongaciones violentos de las fibras musculares. El músculo sobrepasa los límites de elasticidad de forma homogénea. Es el primer paso, si no se tiene cuidado, para la ruptura muscular.

Los síntomas son: palpitación dolorosa en todo el músculo (no hay un punto más doloroso que otro). Se produce una sensación desagradable en reposo, y con el movimiento se siente dolor. Al finalizar la actividad, en «frío», también duele y el jugador nota el estiramiento.

Hay que descartar la rotura, y han de realizarse las pruebas médicas oportunas para ello. Posteriormente, si se confirma la elongación, será importante evitar los estiramientos, aplicar crioterapia, inmovilizar y aplicar masaje (fisioterapeuta).

Roturas parciales y desgarros

Cuando sobrepasa la fase de estiramiento y distensión, se puede producir la rotura de algunos fascículos (rotura parcial), y, si se produce en la totalidad de fascículos, se hablará de rotura total o desgarro muscular.

Los síntomas son: dolor intenso, de aparición brusca (se puede apreciar hasta el crujido, y puede hacerse necesario abandonar el campo), impotencia funcional y aumento del volumen del miembro. Si hay rotura muscular total, pueden apreciarse dos vientres separados por un gran hematoma.

El tratamiento consiste en crioterapia y elevación del miembro y vendaje compresivo, que hay que realizar de forma inmediata. Posteriormente, mediante ecografía, se valora y diagnostica la lesión. El tratamiento posterior consiste fundamentalmente en fisioterapia.

Accidentes en la articulación

Son muy comunes también los esguinces de rodilla y tobillo.

El esguince se suele producir por un movimiento exagerado de la articulación, forzando los ligamentos o superficies articulares. Es un tipo de lesión que, dada la complejidad anatómica y funcional, simplemente se puede aconsejar que, cuando se produzca, no se apliquen masajes (ya que puede ser una luxación o una fractura), y el jugador debe ser observado por un especialista en medicina deportiva, que valorará las lesiones y establecerá el tratamiento adecuado. Son lesiones que pueden precisar un tiempo de recuperación de quince días (no obstante, depende de cada caso).

Se recomienda huir de los supuestos «entendidos» que se encuentran a menudo en los campos de fútbol base y que tratan de manipular la zona afectada del jugador lesionado, porque pueden agravar la lesión.

Se dan, como es sabido, muchas otras lesiones en el ejercicio de la práctica del fútbol. No obstante, dadas sus especiales características, su menor frecuencia y su especificidad médica, no se comentarán en este capítulo.

La prevención y los cuidados en el fútbol pasan por acudir con urgencia, si se tienen síntomas, al médico o fisioterapeuta. Nunca se deben aplicar masajes si se desconoce la técnica para efectuarlos correctamente. A menudo, con las mejores intenciones, se perjudica al deportista realizando masajes inadecuados por personal inexperto. Asimismo, debe tenerse en cuenta siempre la importancia de realizar un buen calentamiento antes de comenzar la actividad deportiva, ya que con esta práctica puede prevenirse y evitarse un buen número de lesiones.

ASPECTOS RELEVANTES DE LAS REGLAS DE JUEGO

En este capítulo se comentarán brevemente aquellas reglas de juego que, en general, suelen tener poco en cuenta quienes se dedican al fútbol base. No se trata de realizar una exposición exhaustiva, sino que simplemente se mostrarán aquellos aspectos que no suelen ser tenidos en cuenta y que muchas veces son causa de reclamaciones al árbitro que no están fundadas en el conocimiento del reglamento.

Sustituciones

Se puede utilizar un máximo de tres jugadores sustitutos en un partido de una competición oficial bajo los auspicios de la FIFA. No obstante, en el reglamento de cada competición puede estipularse hasta un máximo de siete sustitutos.

En otro tipo de competiciones, si ambos equipos están de acuerdo, pueden utilizarse hasta cinco.

Los sustitutos deben nombrarse antes del partido, y la relación debe ser entregada al árbitro antes de comenzar, ya que de lo contrario no podrán participar en el encuentro.

El procedimiento que debe seguirse cuando se desea sustituir a un jugador es el siguiente:

1. El árbitro debe ser informado de la sustitución propuesta.

2. El sustituto debe esperar, para entrar en el terreno de juego, a que el jugador sustituido salga.

3. Tiene que entrar por la línea del medio campo una vez que el juego ha sido interrumpido a instancias del árbitro.

4. El jugador reemplazado no puede participar más en el partido.

5. Con menos de siete jugadores en un equipo no se puede jugar, tanto si ocurre al inicio del partido como si se debe a incidencias en el terreno de juego.

6. Un jugador expulsado antes de que el juego dé comienzo puede ser reemplazado por otro.

Funciones del árbitro

Los árbitros asistentes son meros colaboradores sin capacidad ejecutiva. Si el árbitro aprecia la incidencia no tiene que realizar consulta alguna, si bien puede comentarla con ellos. Sin embargo, si no la hubiese visto, tendrá que solicitar el juicio del asistente que haya observado

CURSO DE ENTRENADOR DE FÚTBOL

los hechos.

Hay que tener en cuenta que el árbitro sólo puede modificar su primera decisión si el juego no ha sido reanudado.

Cuando un jugador comete dos faltas de distinta gravedad, deberá sancionar la más grave.

En las figuras 220-226 pueden verse las señales que debe realizar el árbitro para indicar sus decisiones.

El árbitro deja ventaja

Golpe franco indirecto

Saque de puerta

ASPECTOS RELEVANTES DE LAS REGLAS DE JUEGO

Tarjeta amarilla o roja

Golpe franco indirecto

Penalti

Córner

Funciones del árbitro asistente

Deberá indicar el fuera de juego del balón y del jugador, las sustituciones, a qué bando corresponde efectuar los saques y dar noticia de cuantos hechos ocurran fuera del campo visual del

CURSO DE ENTRENADOR DE FÚTBOL

árbitro.

En las figuras 227-230 pueden verse todas las señales que debe realizar el árbitro asistente para comunicar sus decisiones.

Fuera de juego

Falta

Gol

Córner

ASPECTOS RELEVANTES DE LAS REGLAS DE JUEGO

Duración del partido

El encuentro se divide en dos partes de 45 minutos a las que el árbitro añadirá el tiempo que se haya perdido a causa de sustituciones, lesiones, etc. La pausa entre las dos partes nunca excederá los quince minutos. No obstante, esto lo deberá estipular el reglamento de la competición.

En función de la edad, las duraciones del partido son diferentes. De este modo:

— *adultos:* dos periodos de 45 minutos;
— *de 16 a 19 años:* dos periodos de 45 minutos;
— *de 14 a 16 años:* dos periodos de 40 minutos;
— *de 12 a 14 años:* dos periodos de 35 minutos;
— *de 10 a 12 años:* dos periodos de 30 minutos;
— *de 8 a 10 años:* dos periodos de 25 minutos;
— *menos de 8 años:* dos periodos de 20 minutos.

Saque de salida

No se puede conseguir un tanto por saque de salida de forma directa.

Para reanudar el partido después de una interrupción se efectúa un saque neutral en el lugar donde se encontraba el balón. Si se encontraba en el área de meta, el balón deberá ser botado en la parte del área de meta que se encuentra paralela a la línea de meta.

Balón en juego y fuera de juego

El balón se encuentra fuera de juego cuando ha traspasado completamente la línea de banda o de meta, ya sea por tierra o por aire, o cuando el juego ha sido detenido por el árbitro. Las líneas de banda o de meta forman parte del terreno de juego.

Tanto marcado

Se ganará un tanto cuando el balón haya traspasado totalmente la línea de los postes y por debajo del larguero sin que haya sido llevado, lanzado o intencionadamente golpeado con la mano o el brazo por cualquier jugador del equipo atacante, excepto si lo hace el guardameta que se halla en su propia área de penalti.

Si un cuerpo extraño detiene al balón cuando este se dirige a la portería, no será concedido en ningún caso el supuesto tanto.

Si un espectador irrumpe en el campo e impide con su intervención que un balón entre en la portería, se reanudará el juego con un saque neutral en el lugar en el que se produjo el incidente. Si se encontrara en el área de meta en ese momento, se botará en la zona de la línea de meta paralela a la misma línea de meta en el lugar más cercano a donde se encontraba el balón cuando se detuvo el juego.

Fuera de juego

Un jugador se encuentra en fuera de juego si se encuentra más cerca de la línea de meta contraria que el balón, salvo si está en su propio medio campo o que dos de sus contrarios estén más cerca de la línea de meta que él.

Un jugador deberá ser sancionado con fuera de juego si en el momento en que el balón toca o es jugado por uno de sus compañeros se encuentra, a juicio del árbitro, involucrado en el juego activo (interviniendo en el juego, interviniendo contra un oponente o tratando de sacar ventaja al estar en esa posición).

Hay que saber también que un jugador no estará en fuera de juego por encontrarse simplemente en una posición de fuera de juego o si recibe la pelota directamente de un saque de banda, saque de esquina o saque de meta.

La sanción por estar en fuera de juego será de un tiro libre directo, que se sacará desde el lugar donde se cometió la infracción. Si se señaló dentro del área de meta, la falta se sacará desde cualquier lugar del área de meta.

El fuera de juego debe ser señalado por el árbitro cuando sale el envío de un compañero al jugador que se encuentra fuera de juego. Si se encontrara este jugador al mismo nivel que el penúltimo contrario o que los dos últimos contrarios, no estará en posición de fuera de juego.

Faltas e incorrecciones

Las faltas que se enumeran a continuación serán penalizadas con un tiro libre directo:

— dar o intentar dar una patada al contrario;
— poner una zancadilla al adversario;
— saltar sobre un adversario;
— cargar contra un adversario;
— golpear o intentar golpear a un adversario;
— poner la zancadilla a un adversario, tocándole antes que al balón;
— empujar a un adversario;
— sujetar al adversario o escupirle;
— tocar el balón deliberadamente con las manos, es decir, golpearlo o empujarlo con la mano o el brazo; esto no es aplicable al portero dentro de su área de penalti.

Cualquiera de estas faltas, si es cometida dentro de la propia área de penalti, será sancionada con un penalti. Si se comete en el área de meta contraria, el equipo adversario podrá sacar la falta desde cualquier lugar de dicha área de meta.

Será castigado con un tiro libre indirecto el equipo que cometa una de las faltas siguientes:

— jugar de una forma peligrosa (por ejemplo, intentar dar una patada al balón cuando lo tiene el portero);
— cuando el balón no está a una distancia conveniente para jugarlo, cargar lealmente (es decir, con el hombro) a otro jugador;
— interponerse u obstaculizar al adversario sin jugar el balón;
— cargar contra el portero, excepto si este se halla en posesión de la pelota, si obstruye a un adversario o si está fuera del área de meta.

Si el que realiza la falta es el guardameta, y esta se efectúa dentro de su área de penalti, se penalizará con tiro libre indirecto:

— dar más de cuatro pasos en cualquier dirección reteniendo el balón, botándolo en el suelo o lanzándolo al aire y volviéndolo a atrapar sin ponerlo en juego;
— volver a tocar con las manos el balón después de haberlo puesto en juego o después de que un jugador del equipo del portero lo haya jugado fuera del área de penalti;

ASPECTOS RELEVANTES DE LAS REGLAS DE JUEGO

— tocar el balón con las manos después de que un compañero se lo haya cedido deliberadamente;
— utilizar una táctica que lleva a perder tiempo y a dar una ventaja desleal a su equipo.

Además de señalarse tiro libre indirecto, se sancionará con tarjeta amarilla:

— si un jugador sale o entra del terreno de juego sin permiso del árbitro, salvo en caso de lesión y siempre que el árbitro haya interrumpido el juego;
— si un jugador infringe con persistencia las reglas de juego;
— si desaprueba con gestos o palabras cualquier decisión del árbitro;
— si muestra una conducta incorrecta.

Se mostrará la tarjeta roja y el jugador será expulsado del terreno de juego cuando:

— sea culpable de conducta violenta;
— es culpable de juego brusco grave;
— utiliza un lenguaje injurioso o grosero;
— tiene ya una tarjeta amarilla y es culpable de una segunda falta que merece la amonestación.

Se concederá tiro libre indirecto si el árbitro interrumpe el juego a causa de la expulsión. Se efectuará el saque en el lugar donde se produjo la infracción.

Por otra parte, deben tenerse en cuenta otras decisiones, como las que se indican a continuación:

• Si un jugador se apoya en los hombros de un compañero para cabecear un balón, el árbitro amonestará a dicho jugador por conducta incorrecta y el equipo contrario sacará un tiro libre indirecto.

• Cuando un jugador protege el balón sin tocarlo, con intención de que el adversario no lo juegue, hay obstrucción pero no se considera infracción. Así, el contrario puede efectuar la carga.

• Si se obstaculiza al portero cuando este efectúa el saque, esta acción se castigará con tiro libre indirecto.

• Si el portero se echa encima del balón más del tiempo necesario, esto se considera conducta incorrecta y se le amonestará concediéndole al contrario un tiro libre indirecto.

• Escupir a alguien se sanciona con expulsión del terreno de juego.

• En el caso de que un jugador se viese impedido por un contrario en una clara oportunidad de marcar gol y este produce una de las diez faltas que dan origen a un tiro libre, su agresor será expulsado del terreno de juego.

• Si un jugador (excepto el portero), impide con la mano que un contrario marque un gol, el infractor será castigado con expulsión del terreno de juego.

• Un jugador puede ceder a su portero el balón con la cabeza, rodilla, muslos, pecho, etc., sin cometer infracción alguna si este la coge con las manos.

Penalti

El guardameta no podrá salir del marco delimitado por la línea de meta y los postes hasta que el balón esté en juego.

Si el guardameta no se colocase en la posición indicada después de dar la señal, el árbitro permitirá el tiro; pero si el tanto no se marcase se repetirá el penalti.

Si, después de ejecutar el tiro, el balón es detenido por un cuerpo extraño, el penalti se repetirá. Si al tirar, el balón rebota en los postes y en el portero y luego es detenido por un cuerpo extraño, se efectuará un bote neutral en ese lugar.

Si, durante el lanzamiento, un jugador del equipo defensivo se acerca a menos de 9,15 m después de que el árbitro haya dado la señal, se permitirá la ejecución. No obstante, si no marca el penalti, se repetirá en esta circunstancia. Si el que realiza esta infracción es un jugador compañero del que tira el penalti, se permitirá que se ejecute, pero si es gol el penalti se repetirá por invadir la distancia reglamentaria. Además, el jugador deberá ser amonestado. En el caso descrito, si el balón rebota en el poste, el larguero o es despejado por el guardameta y vuelve al juego, se concederá un tiro libre indirecto al equipo contrario.

Si algunos jugadores de ambos equipos penetran después de la señal de ejecución del penalti, se repetirá si no ha sido ejecutado. Los jugadores infractores serán amonestados.

Saque de banda

El jugador que efectúe el saque, deberá colocarse frente al campo y tener una parte de cada pie sobre la línea de banda o sobre el exterior de esta línea. Se servirá de las dos manos, y el balón tendrá que salir por encima de su cabeza. Si no se ejecuta correctamente, se le dará el saque al equipo contrario.

No se podrá ganar un tanto directo sacando de banda.

Si un contrario bailase o gesticulase con la intención de distraer al ejecutor del saque, será amonestado por conducta incorrecta y se concederá un tiro libre indirecto.

Un saque que se realice desde una posición desde donde no salió el balón será considerado incorrecto.

Saque de meta

Cuando el balón traspase la línea de meta y haya sido tocado en último lugar por un contrario, se concederá el saque de meta.

Los jugadores del equipo contrario han de situarse fuera del área de penalti hasta que el balón traspase dicha área.

Cuando el balón no llega más allá del área de penalti se repetirá el saque.

No podrá ganarse un tanto de saque directo de meta.

Si el jugador que realiza el saque lo toca por segunda vez sin que la pelota haya salido del área de penalti, el saque se repetirá, puesto que no ha sido puesto en juego.

Saque de esquina

Cuando un defensor toca el balón, en último término, y este traspasa totalmente la línea de meta, se concederá saque de esquina.

Con este saque podrá ganarse un tanto de forma directa.

Los jugadores contrarios deberán situarse a una distancia mínima de 9,15 m del balón al efectuarse el saque.

Si el jugador que realiza el saque lo toca por segunda vez, antes que ningún otro jugador, se concederá al equipo contrario al del lanzador un tiro libre

ASPECTOS RELEVANTES DE LAS REGLAS DE JUEGO

indirecto en el lugar en que se produjo la infracción.

El área técnica

No todos los estadios cuentan con esta área. Puede diferir de unos a otros en tamaño y ubicación.

No obstante, es el espacio donde se puede situar y mover el personal técnico que se encuentre en el banquillo. Como referencia, el área técnica ha de tener una longitud equivalente a la del banco de reservas más un metro por cada lado. Su anchura equivale a la del banco de reservas y se prolonga un metro paralelamente a la línea de banda.

Se recomienda marcar el área técnica.

El número de personas autorizadas a estar en el área técnica vendrá definido en el reglamento de la competición.

Sólo una persona del área técnica estará autorizada a dar instrucciones tácticas. Una vez dadas, deberá regresar a su posición en el banquillo.

Los ocupantes de dicha área deberán prestar una conducta irreprochable.

El cuarto árbitro

Asistirá al árbitro en todo momento, y antes de comenzar la competición estará dispuesto para casos que exijan una sustitución del árbitro o de los asistentes.

También ayudará en los procedimientos de sustitución de los jugadores durante el partido.

En caso de que se produzcan faltas o incidentes fuera del campo visual del árbitro, realizará el informe oportuno a las autoridades, informe que previamente deberá conocer el árbitro principal.

Otras normas que deben tenerse en cuenta

Los *tackle*

El *tackle* con deslizamiento se autoriza, con un pie o con ambos, siempre que el árbitro estime que no es peligroso. Si no toca el balón y sí al jugador, el jugador que lo ha realizado será amonestado y se sacará un tiro libre directo.

El *tackle* por detrás, violento y con poca o nula posibilidad de ganar el balón, quedará terminantemente prohibido y será sancionado con un tiro libre directo y expulsión del jugador que lo efectuó.

Infracciones al guardameta

Ningún jugador podrá saltar sobre el guardameta con el pretexto de cabecear el balón.

Asimismo, tampoco se podrá colocar el jugador delante de él para impedirle poner en juego el balón ni durante la ejecución de saques de esquina, faltas, etcétera.

Obstrucción

Cuando un jugador se interponga entre el balón y el adversario, obstruyendo intencionadamente, con la finalidad de retardar su avance, será castigado con un tiro libre indirecto a favor del equipo poseedor del balón.

Si se impide el avance de un jugador adversario intencionadamente, ya fuere con la mano, brazo, u otra parte del cuerpo, la acción se penalizará con tiro libre directo o penalti si la falta está dentro del área de penalti.

Tijera o bicicleta

Este tipo de jugadas están permitidas, siempre que el árbitro no las considere peligrosas para el contrario.

Saltar sobre un contrario

Cuando se salta sobre un contrario con el pretexto de cabecear la pelota, puede sancionarse al jugador con un tiro libre directo a favor del equipo contrario.

Utilización del cuerpo

No se puede apartar a un contrario con las manos, los brazos o cualquier otra parte del cuerpo. Esto se castigará con libre directo y se amonestará al infractor. Igualmente, se sancionarán aquellas situaciones en las que se sujete o moleste a un adversario para evitar que corra cuando el balón no está en juego.

Tiros libres

Si se retarda deliberadamente el saque de un tiro libre, se amonestará al culpable.
También se amonestará al jugador o jugadores que salgan de la barrera antes de que el contrario ejecute el tiro libre poniendo la pelota en juego.

Jugadores lesionados

Se permite la entrada de asistencia al terreno de juego (autorizada y señalada por el árbitro) con el fin de juzgar la gravedad de la lesión, pero no para realizar la cura. Se dispondrá la retirada del jugador en el caso que se juzgue necesario.

Actitud hacia los árbitros

Ningún jugador puede protestar la decisión que haya tomado el árbitro, ni siquiera el capitán.

Saque de banda

El saque de banda no puede ejecutarse desde una distancia que sea superior a un metro desde la línea de banda.
No está permitido que un jugador se coloque delante de quien saca de banda para obstruir el lanzamiento.

Pérdida de tiempo

No está permitida, y se amonestará cuando:

— un jugador finja estar lesionado;
— se realice un tiro libre desde una posición claramente incorrecta con la intención de repetirlo a instancias del árbitro;
— se haga lo mismo con un saque de banda;
— se finja sacar de banda y, sin razón lógica, se deja que lo haga un compañero;
— se lance el balón o se coja con las manos, después de que el árbitro interrumpa el juego por una razón cualquiera;
— un jugador se sitúe delante del balón en un tiro libre concedido al equipo contrario para organizar la barrera defensiva a su equipo;
— se demoren exageradamente los saques o tiros libres;
— un jugador se demore al salir del terreno de juego porque va a ser reemplazado.

ASPECTOS RELEVANTES DE LAS REGLAS DE JUEGO

Celebración de un gol

No está permitido que los jugadores se precipiten a celebrar un gol hacia las vallas publicitarias o los espectadores. Esta acción se amonestará por conducta incorrecta.

Ingestión de líquidos

Está permitida la ingestión de líquidos durante el partido, pero habrá que hacerlo en la línea de banda. Está prohibido el lanzamiento de bolsas de agua o similares al terreno de juego.

Equipamiento de los jugadores

Los jugadores deberán llevar la indumentaria correcta. No podrán dejarse la camiseta por fuera del pantalón ni tener las medias caídas.

Asimismo, todos los jugadores llevarán espinilleras y dejarán en el vestuario todo cuanto pueda lesionar a un contrario, como, por ejemplo, relojes, pulseras metálicas, etc.

Sin embargo, está permitido llevar ropa interior visible, siempre y cuando llegue como máximo a las rodillas y tenga el mismo color que los pantalones del equipo.

www.ingramcontent.com/pod-product-compliance
Lightning Source LLC
Chambersburg PA
CBHW080323170426
43193CB00017B/2884